裁判長の泣けちゃうお説教

法廷は涙でかすむ

Nagamine Masaki
長嶺超輝

KAWADE夢新書

装丁◉こやまたかこ

「人を裁《さば》く人」が下した30の聖断——はじめに

■魅力あふれる裁判官がいます

人生、何が起きるかわかりません。もし万が一、私が道を踏みはずして罪を犯してしまったとき、あるいは、なにかの間違いで警察に捕まってしまい、検察官に起訴されてしまったとき……私には「この人になら裁かれたい！」と思う裁判官がいます。

被告人が裁判官を選ぶことは実際にはできませんから、この願いはかないません。それでも、物事の本質を見ぬく知性をもち、相手の人生を好転させるほど魂のこもった言葉で語りかけてくれる裁判官がいます。

そういった知られざる「裁かれたい裁判官」の魅力を、具体的な事件や法廷でのやりとりを含めてお伝えするのが、この本の役割です。

日本全国で3000件以上の裁判を取材してきたのにくわえ、日頃から裁判に関するニュース報道を中心にチェックしつづけている立場ゆえにお届けできる内容であると自負しています。

■印象うすい裁判所と、顔の見えない裁判官

裁判官は、小学生ぐらいの子どもでも知っているおなじみの職業です。ただ、顔と名前が世間でひろく知られているという裁判官は、どこにもいません。

テレビで裁判官の顔を見かけるチャンスといえば、ニュース番組で、裁判が始まる前の様子が放映されている、せいぜい数秒間ぐらいのものでしょう。そのとき画面に映っている裁判官は、まるで民芸品の置物かのように、目線すら動かさずジッとしています。

「ここまでジッとしてるのなら、写真で撮《と》ればいいじゃないか」といいたくなるほど静止した状態の裁判官を、テレビ局のカメラマンは開廷前の2分間にわたって動画で撮影しているのです。

裁判官のほうにしても、社会の影に隠れて目立たない立場を、みずから望んでいるふしがあります。実際、判決を出すために必要がない話などはいっさいせず、粛々《しゆくしゆく》と事案を片づける裁判官がほとんどです。自分の個性をあまり見せずにいるほうが、謎めいて神秘的で、権威を保てるからです。

また裁判官は、みずから下した判決によって、人から恨《うら》まれる場合もありうる仕事ですから、知名度をあげることにはメリットがないと思われがちです。

しかし、そのせいで日本では裁判所の存在感が薄くなっています。それで「警察に逮捕された容疑者をまるで犯人であるかのようにあつかい、本人の言いぶんを無視して叩《たた》きまくり、裁判が始まる頃にはその事件のことをすっかり忘れて、別の新しいニュースに夢中になる」といった雰囲気ができあがりやすいのです。

■裁判所の中で評価される裁判官とは

ほとんどの裁判官は、被告人の話をさほど真剣に聴《き》いていません。私たちが裁判にほとんど関心を寄せていないことに油断してか、質問も通りいっぺんです。その被告人や事件に特有の事情は、面倒なので見て見ぬふりをして、過去の近い前例に当てはめて判決を出していくのです。

なぜなら、担当している多くの裁判を、すばやくサクサクと終わらすことのできる裁判官ほど、日本では出世しやすいしくみになっているからです。処理すべき事件を溜《た》めこまず、1件でも多く裁ける要領《ようりょう》のいい裁判官ほど、高く評価されています。

どんな事件でも一定のパターンに当てはめて処理しなければ、数をこなせません。パターン化された裁判なら、判決が出る前からある程度は内容を予測できるので、弁護人や検察官は前もって対策をとりやすいのです。

事件に関わっている人々の気持ちに、裁判官が深入りしていてはキリがないというのが現実です。判決文を書いている途中で、いちいち自分の感情がもっていかれては、時間や労力をムダに消耗《しょうもう》してしまいます。だからこそ、1件1件の裁判を、流れ作業のごとく右から左へと淡々《たんたん》と裁いていける裁判官ほど、「優秀である」と評価されているのです。

しかし、過去のパターンに当てはめる裁判がそんなに大事ならば、人間よりもAI（人工知能）に任せたほうが、よほど速く正確に処理してくれるのではないでしょうか。

■「人が人を裁く」法廷の役割

すべてを知る全能の神でもなく、大量のビッグデータを解析《かいせき》できるAIでもなく、「人が人を裁く」現場こそが、裁判所の法廷です。私たちは、「人を裁く人」である裁判官に対して、どのような役割を期待すべきなのでしょうか。

この本を通じて、私が紹介したいのは、「判決を出したあとのことまで、視野に入れている裁判官」です。

自分の出世はいったん脇《わき》におき、いま、私たちが暮らしている世の中の平和を守るため、日々の裁判に臨《のぞ》んでいる裁判官こそが、現代の不穏《ふおん》な雰囲気をとりのぞき、将来の希望ある日本社会を支えてくれる存在だと期待しているからです。

そうした裁判官は、法的な権威に頼らず、生身の「人間」同士として、対等な関係を保ちながら被告人と接します。犯罪の裏側にある悲しい事情に深く関わり、当事者の感情にも寄り添おうとします。

なぜなら、目の前で裁いている被告人に、心からの反省を深めてもらい、将来ふたたび社会に復帰して、活躍できる存在になってほしいと願っているからです。

犯罪を裁く法廷で、被告人と裁判官という間柄《あいだがら》で出会うことも、人と人の貴重な「縁《えん》」です。そのため、裁判官の立場として許される範囲で、できるだけ深い関わりをもとうと努力をつづけています。

日本の裁判所には、このような裁判官を高く評価し、重要な役職に登用するしくみがありません。どうすれば被告人の深い反省を引きだせるのか、どのような言葉をかければ被告人の心を動かせるのかを考え、その言いぶんを聞くのに時間をかけ、判決を出すまでに手間暇《てまひま》をかけていれば、サクサクとスピーディーには裁けません。

ですから、被告人の今後のことを真剣に考えている裁判官ほど、裁判所における人事評価では、かえって不利になる。そんな筋のとおらない現象が起きているのでしょう。

このような司法内部の評価とは距離をおき、将来の犯罪を少しでも減らすための働きかけをできるかぎり優先する裁判官のことを、皆さんにもっと知っていただきたいのです。

■あえて裁判官を「主役」としてとりあげる

もちろん、「犯罪者が将来、二度と罪を犯さず、社会復帰する」ことをサポートする役割に徹しているのは、裁判官だけではありません。

・立ち直っていく途中で定期的に面会する保護司や保護観察官
・住居や仕事が見つかるまでのあいだ、生活の世話をしてくれる更生《こうせい》保護施設
・違法薬物からの立ち直りを専門に、前科がある人を見守るＤＡＲＣ（ダルク）
・前科のある人を重点的に自分の会社へ雇い入れる協力雇用主

……など、それぞれの分野で多くの専門家、プロフェッショナルがいらっしゃるわけですが、そこは百も承知のうえで、あえて本書では「裁判官」を集中的にとりあげます。道を踏みはずした犯罪者が、立ち直っていく軌道修正のきっかけがつくられる場は、他でもない「法廷」だからです。

もちろん、罪を許すだけでなく、厳しい処罰も必要です。ただし、裁判官はその罰を与える根拠について、その相手が納得するように語りかけ、責任をもって説明しなければなりません。被告人が厳しい罰に納得できず、これを受け入れられないようでは、深く反省するどころか、世の中への恨みを膨《ふく》らませてしまうリスクがあります。それではかえって、社会不安が増してしまうのです。

■裁判官も、日本の治安を「人知れず」守っている

日本は長いこと「治安のいい国」といわれてきました。犯罪の発生件数などを国際的に比較すれば、たしかにそのとおりでしょう。しかし、国内で貧富の差がひろがり、国外からこれまでにない数の外国人が押し寄せています。社会不安がうっすらと霧のように覆《おお》っているこれからの時代、いつまでも「治安がいい国」でいられる保証はありません。

そこで本書では、裁判官としてできるかぎりの範囲で、犯罪者の更生のために骨を折り、司法の一員として、安心して暮らせる日本社会を守りつづける役割を果たそうと努める、偉大な裁判官を紹介します。

もし仮に、あなたの今後の人生の選択がすべて裏目に出て、罪を犯すギリギリまで追い詰められてしまったとしても、日本の裁判所にはこのような裁判官がいるという事実を知っていただきたいのです。

世の中、捨てたものではありません。この不確実な厳しい時代の現代社会で、さまざまな事情によって道を踏みはずしてしまった人々の、窃盗《せっとう》、詐欺《さぎ》、薬物事犯《やくぶつじはん》など「30の罪」に対して示された、裁判官の「30の聖断」を、あなたへお届けします。

裁判長の泣けちゃうお説教＊もくじ

1

「胸を張って生きていいんです。あなたは迷惑をかけたくないという思いが強すぎた。」

働き者だった男が、病で伏せて働けなくなったときの激しい絶望感。
一般の裁判員とプロの裁判官が話し合った末、年老いた男性に示された判決とは？
［2011年7月1日 福岡地方裁判所］

■燃えさかる住宅から救助された男性

福岡県内の、とある平屋一戸建ての家が燃えていると、近隣の住民から119番通報が入り、現場に消防士が駆けつけました。炎のめぐりが速く、家はたちまち音を立てて崩れ始めます。

難しい消火活動となりましたが、消防士の活躍によって炎の中から80歳になる男性住人が助けだされました。煙を吸い、意識がもうろうとしていた彼でしたが、命に別状はありませんでした。

ようやく無事に鎮火《ちんか》し、警察官の捜査が入ったところ、現場の状況から「事件性の匂い」が漂ってきたといいます。仏壇から寝室にかけて、火元とみられる場所が不自然にひろい範囲にわたっていたからです。つまり、ガソリンなどの可燃性がある物質をまいて、何者かが「放火」した可能性までふくめて捜査がすすめられていったのです。

そのいっぽう、消防士によって無事に救出された男性住人が、病院のベッドで意識を取りもどしました。彼はそばに座っていた奥さんの姿に気づくと、突然、両手でシーツをつかみ、号泣し始めたのです。

「ごめん、ごめん……」「死ななかった……」

彼は持病によって身体の自由が利かなかったにもかかわらず、それでも無理を押して、自宅の寝室や仏間に灯油をまき、火を放ったのです。自責《じせき》と後悔《こうかい》に押しつぶされそうになり、人目もはばからず泣きじゃくる夫の手を、妻は黙ったまま優しく握りました。

■なぜ、男性は放火自殺を選んだのか

男性は、若い頃から仕事に誇りをもって働きつづけていました。中学校を卒業して、すぐに国鉄（現：JR九州）に就職し、現場でキャリアを重ねていきます。その後、異業種である不動産販売会社へ転職し、60歳の定年後もなお、会社で働きつづけました。

ただ、70歳の頃に狭心症を患《わずら》い、仕事人生に別れを告げて、療養せざるをえませんでした。やがて、ほかの病気も併発《へいはつ》するようになり、自宅で寝たきりの状態がつづきます。

奥さんがずっと看病や身のまわりの世話をしていましたが、そのことが、男性の心を苦しめつづけていたのでしょう。病気やけがなどで仕事ができなくなったとたん、「稼いできてナンボ」という価値観に基づくプライドがへし折られた男性は、精神的にやられやすいのです。

一方的に世話をされるだけで、自分は何も返してやれない。その申しわけなさが、日々積み重なり、じわじわと自尊心がむしばまれていくのでしょう。

ほとんどの自殺者が、「できるだけ痛みや苦しみが少ない方法」を選択しようとします。

そんななか、あえて焼身自殺を選ぼうとする人には、自分に厳しい罰を与えたい、あるいは社会に対して何かを伝えたい覚悟が強いといわれます。

■自分の犠牲になる妻に申しわけが立たない

実際に住居として使われている建物に火を放つ「現住建造物等放火罪」は最高刑が死刑で、裁判員裁判が開かれるほどの重大犯罪です。放火にいたるまでの経緯を説明する被告人を、3人の裁判官のほか、一般から選ばれた6名の裁判員が、法廷の壇上から見つめます。

事件の直前、出かける妻に対して、被告人は「さよなら」と別れを告げていました。妻は、その言葉の奥にある意図に気づいていたそうです。

狭心症などを患って寝たきり状態の被告人は、これ以上、最愛の妻に迷惑をかけるのがどうしても耐えられなかったのでしょう。

いくら介護をつづけても自分の状態がよくならないのなら、いっそ過去をリセットして「これからは、妻にもっと自由に生きてほしい」という思いから、自宅に火を放ち、全焼させるにいたりました。

判決公判で、林秀文裁判長は懲役《ちょうえき》3年の刑を言い渡しましたが、裁判官と裁判員の全9

名が話し合った総意として、その懲役刑に執行猶予《しっこうゆうよ》をつけました。立ち直る可能性が高いと認めて、いますぐ刑務所にいく必要はないという内容です。

さらに林裁判長は、穏《おだ》やかな口調で説諭《せつゆ》を始めました。

「いくつもの病気を抱え、妻に迷惑をかけたくないと、将来を悲観した経緯は、たしかに高齢者特有の心情として理解することができます。若い頃から70歳になるまで、半世紀以上も働きつづけたんです。胸を張って生きていいんです」

「あなたはいままで『迷惑をかけたくない』という思いが強すぎたのではないでしょうか。これからは、迷惑をかけていいんです」

被告人は「わかりました」とだけ答え、裁判官と裁判員に深々と頭を下げ、閉廷しました。

一般の人々とプロの裁判官が同じ法廷でコラボレーションをおこなう裁判員裁判は、弱い立場におかれた被告人の気持ちまで判決の中に盛り込む、確かな価値があると感じます。

■「迷惑をかけない」という日本人の美徳は「呪い」になりかねない

日本では、親が子どもを叱るとき「他人《ひと》さまに迷惑でしょ」という言葉を添えることが多いものです。しかし一方で、インドでは「お前は人に迷惑かけて生きている。だから、人のことも許してあげなさい」と子どもに教えるらしいのです。

「他人さまに迷惑をかけずに生きる」という日本人の美徳は立派です。災害時にも、ちゃんと行列に並び、黙って物資の支給を待つ日本人の姿は世界からの尊敬を集めます。

しかし、別の側面ではどこか息苦しさも感じます。どんな場面でも、「迷惑をかけない」生き方を貫《つらぬ》けば、他人だけでなく身内にも助けを求められなくなり、極限の状態まで追い詰められる「呪い」ともなりえます。

「迷惑」という言葉の意味は、おもに2種類に分かれるのではないでしょうか。騒音を出したり、他人の行動を妨害したりする迷惑は慎むべきです。ただ、いざというときに「誰かを頼る」「助けを求める」ことまで、同じような「迷惑」だと捉《とら》えたとたんに、息の詰まる社会になってしまいます。

他人に助けを求められることを、迷惑だと突き放す姿勢は、自分は今後ずっと、誰かに助けを求めるような立場にならないはずだと思い込む「傲慢《ごうまん》さ」に基づいています。そこに、日本人の美徳であるはずの「謙遜《けんそん》」は、どこを探しても見当たりません。

2

「世の中、
それほど捨てたものではありません。もっと人を信用してみてください。」

気の毒な運命に巻き込まれてしまった
食料品の万引き犯。
普段は役割を分担している裁判官・弁護人・検察官が、あえて臨時のタッグを組み、話し合った結論は？
［2007年4月25日 京都地方裁判所］

■なにひとつ憶えていない男性

真冬のスーパーマーケットで、弁当や惣菜《そうざい》、酒などを盗もうとした疑いにより、ひとりの男が現行犯で逮捕されました。破れや汚れが目立つリュックに商品を詰め込んで、店外へ走って逃げようとした男は、ひどく疲れている様子で、足元がおぼつきません。

それで、警備員にあっさりと追いつかれ、御用となったのです。その頭髪や髭《ひげ》は伸び放題で、服もボロボロ。しかも、秋ものの薄手の服で寒さをしのいでいました。

取調べを担当した警察官は、男の思わぬ返答に驚きます。

「すみません、名前は忘れました。すみません……思いだせないんです」

「生年月日……昭和26年か27年か、どっちかだと思います」

「住所は……わかりません。たぶん、広島じゃないかと思います」

警察官は最初、記憶喪失のふりをしてごまかすつもりじゃないか？　と疑っていました。しかし、男の言動からは、何かを隠そうとする意図も感じられません。

逮捕から3～4か月前のこと、朝の寒さで目を覚ました男は、見わたすかぎり鬱蒼《うっそう》と繁った樹々に囲まれているのに気づいたといいます。自分が何者なのか、昨日までどこで何をしていたのか、これからどこへ行こうとしているのか、まったくわからなくなっていたのです。

ひょっとすると、広島県内の山へハイキングにいき、崖から滑落して頭を打ち、そのショックで記憶喪失になってしまったのかもしれません。

財布の中に、所持金が8万円ほどあったのが救いでした。男はとりあえず山を下りて街を探し、目についた店で最小限の食料を買い込み、あてもなく歩きつづけました。夜が訪れるたびに、駐車場や地下街などの隅で野宿をくり返しました。

ひたすら徒歩で東へ進み数か月後、約350キロ離れた京都府内までたどり着いていたことになります。

所持金はすべて使いはたし、しばらくは空腹に耐えながら過ごしていました。しかし、ついに我慢できなくなり、食料品の万引きに手を染めました。記憶喪失でも、万引きが犯罪だということは認識していたため、男は処罰の対象となります。

■検察官は罰金20万円を求刑したが……

初公判の場で、男の話をじっくりと聞き取っていたのは、東尾龍一裁判官です。

「困ったときには、誰かに助けを求めることもできましたよね。記憶があいまいで、それもわからなかったですか？」

と尋《たず》ねました。男は「わからなかったです」と答えるのみでした。どこでもいいので役所に駆け込めば、緊急で生活保護を受けることもできました。ただ、記憶を失っている状況では、そこまで考えることが難しかったのかもしれません。

検察官は罰金20万円を求刑し、結審しました。

男は警察署の留置場で寝泊まりし、やがて判決の日を迎えます。

東尾龍一裁判官は、

「空腹をしのぐために、スーパーの商品を万引きするという犯行動機は短絡的である」

として、男の有罪を認定し、罰金15万円の刑を言い渡しました。しかし、無職で住所不明、しかも、助けを求める仲間もおらず、自分の運命に翻弄《ほんろう》されながらも、目の前の苦境を彼なりにどうにかして切り拓こうとした努力は評価しています。

「犯行の背景には記憶喪失があり、同情の余地がある」

とも述べた東尾裁判官は、特別にこの罰金刑について「未決勾留算入《みけつこうりゅうさんにゅう》」を適用することを決めました。

未決勾留算入とは、逮捕されて以来、警察の留置場に閉じ込められてきた期間をお金に換算することで、罰金を支払ったものとして取り扱う制度です。

経済的な理由で罰金を支払えない人が、一時的に刑務所に入って働き、その刑務作業で受け取る報酬を罰金にあてる「労役場留置《ろうえきじょうりゅうち》」という制度があります。未決勾留算入はそれに似ています。適用するかどうかは、裁判官の判断で決まります。

東尾裁判官は、男が留置場に勾留されていた期間を「1日につき1万円」と換算しました。男は当時、すでに15日以上勾留されていましたので、罰金15万円をすべて納付したものとみなしたのです。実質的な無罪判決だといえます。

■被告人の境遇を他人ごとにせず、歩み寄った3者

このような寛大な判断をしたあと、東尾裁判官はつぎのように述べました。

「弁護人や検察官も、あなたが今後まっとうに生きてほしいと願って、いろいろと手をつくしました。世の中、それほど捨てたものではありません。もっと人を信用してみてください」

検察官にとっては、罰金を求刑するつもりなら、最初から法廷を使わずに書類審査だけで判決を出せる「略式手続」で進めるほうがスムーズでした。ただ、略式手続では裁判官が未決勾留算入を使えなくなる欠点もあります。

そこを先読みし、あえて法廷を使う正式裁判を求めたのです。ですから、罰金20万円を求刑したのも、形式的なものでした。

また、弁護人と検察官は実際に協力しあって、男が心理的なカウンセリングを受けなが

ら更生保護施設で暮らしていけるよう、裁判が終わったあとの生活環境を整えていました。こうした全体の動きを調整し、あらかじめ弁護人と検察官に話を通しておいたのが、東尾龍一裁判官だったのです。

さらに、その東尾裁判官は、判決言い渡しの最後にこうつけくわえています。

「これから困ったときには、私に会いにきてくれてもいい。できるだけのことはします」

判決を出したあとの被告人の境遇について、「そこまでは関知しない」というのが本音の裁判官がほとんどです。そんななか東尾裁判官は、あえて面倒を買って出て、ひと肌脱いでみせました。裁判官という枠を超えた「男気《おとこぎ》」を感じます。

3

「この裁判は、あなただけが裁かれているのではありません。」

誰かにSOSを求めざるを得ないとき
あなたは抵抗を感じますか。
あまりにも悲痛な殺人事件に、法廷で思わず
涙した裁判官は、何を語りかけたか？
[2006年7月21日 京都地方裁判所]

▩地裁が泣いた……

「たしかに、ぼくは母を殺しました」

50代の男は、検察官からの質問に、淡々とした口調で答えています。

「ですが、1日でも長く、母と一緒に暮らしたかった……。その気持ちにも偽《いつわ》りはありません」

「許されないでしょうが、できることなら、また母の子として生まれ変わりたい。いまは本当にそう思います」

男の話を聴きながら、壇上の東尾龍一裁判官は目を赤くし、涙を拭《ぬぐ》うしぐさを見せます。

凍《こご》えるほど寒い早朝、男は自宅近くの川のほとりで、実母の首を絞めて殺害したとして、逮捕されました。警察の取調べで、男は心中を図り、母も殺害されることを受け入れていたとわかり、「承諾《しょうだく》殺人」という罪で起訴されたのです。

基本的に、被害者が犯罪を受け入れ、承諾していれば、その加害者を処罰できません。

ただ、他人を死に至らしめる殺人という犯罪は、もたらされる結果があまりにも悲惨で、どんな事情があれ許されないのも事実です。そのため、たとえ被害者の承諾があっても、処罰の対象となります。ただし、殺人罪よりも刑罰は軽くなります。承諾殺人罪の最高刑は、懲役7年です。

■「介護離職」が、ふたりを追い詰めた

男は10年以上にわたって、母とふたり暮らしをつづけてきました。織物職人だった父は、すでに亡くなっています。

母は生前、要介護3のアルツハイマー型認知症にかかっていて、昼夜を問わず、徘徊《はいかい》を繰り返していました。そのたびに、ご近所の方や警察官が居場所を突き止めて、連れもどしてくれていたのです。

「これ以上、他人《ひと》さまに迷惑をかけられない」と、男は工場勤務の仕事を辞めて、母の介護に専念することにしました。

そして、収入源が絶《た》たれたあとは、母の年金だけでふたりの生活費をまかなっていたのです。役所で生活保護を申し込むものの、「あなた、働けるでしょ」と、あっさり断られてしまいます。生活保護の不正受給問題がマスコミで頻繁《ひんぱん》に採りあげられていた頃だけに、申請してきた住民に対し、役所の職員らはとくに警戒していたのでしょう。

男はカードローンを申し込みましたが、毎月のように生活費が足りなくなり、繰り返し借り入れているうちに、すぐに限度額に達しました。

自宅アパートの大家である親戚には、家賃を特別に半額にしてもらっていたので、「これ以上は、迷惑をかけられない」と、助けを求められませんでした。

介護保険が使えるデイケアやデイサービスも、自己負担分があるため、無料で利用できるわけではありません。

ついにふたりは、ほぼ引きこもり状態となり、昼間でもカーテンを閉め切ったまま、ひっそりと暮らすようになっていました。

ケアマネージャー（介護支援専門員）が訪問してきても、男は居留守を使って接触を絶っていました。どうやらケアマネージャーの対応に対して、不信感を募らせていたようです。自分の食事を2日に1回に切り詰めてまで、男は母の食事を優先し、介護をつづけていたのです。

■日本人の美徳も、ふたりを追い詰めた

1月末、いよいよ家賃が払えなくなった男は、母を連れて繁華街へ繰りだします。これが「最後」の親孝行のつもりでした。笑顔ではしゃぐ母を見るのは久しぶりでした。

日が暮れて、帰りの電車に乗りこみますが、もう自宅へはもどれません。

川のほとりに座ったまま、ふたりは夜を明かします。盆地にある古都の冬の朝は、格段に冷え込みます。白い息を吐きながら、息子は覚悟をきめて母に告げました。

「もう生きられへん。ここで終わりやで」

母は「そうか、あかんか」と、静かにつぶやいたといいます。

「他人さまに迷惑をかけない」という日本人の美徳が、皮肉にもふたりをここまで追い詰めてしまったのかもしれません。


東尾龍一裁判官は、判決の言い渡しで特別に温情をかけ、懲役刑に執行猶予をつけました。

「母親は、被告人に感謝こそすれ、けっして恨みなど抱いておらず、今後は幸せな人生を歩んでいけることを望んでいるであろうと推察される」

と理由を説明したあと、男に対して、こう述べています。

「この裁判は、あなただけが裁かれているのではありません。社会全体のあり方が問われています」


さらに東尾裁判官は、法廷から社会へ向けて、高らかに問題提起をしました。

「介護保険や生活保護行政のあり方も問われています。こうして事件に発展した以上、どう対応すべきだったのか、行政の関係者は考え直す余地があります」

日本は超高齢化社会を迎え、いまでは日本人の約20人に1人が要介護者となっています。「介護する」「介護される」という課題に、誰ひとりとして無縁でいられなくなりました。

最近になってようやく「介護離職防止」のスローガンが世の中に浸透《しんとう》してきました。家族を介護するために社員が辞職せざるをえない状況をつくらないよう、どの企業も配慮しなければなりません。

介護をプロに任せるのもひとつの選択肢ですが、特別養護老人ホームや介護つき有料老人ホームなどに入居しようとすれば、相応の費用がかかります。

家族に要介護者が出ていない段階から、介護問題への備えを進めておくべき時代に入っているのでしょう。いざというときに「他人を頼れる」よう、普段から濃い人間関係をつくっていくのか、それとも「他人を頼らなくてもすむ」よう、コツコツと貯蓄に励んでいくのか。あなたはどうしますか。

この事件の被告人は、理解のある社長の会社に雇われ、懸命に人生をやり直そうとしましたが、判決から約8年後、無念にも琵琶湖にみずから身を投げています。この悲痛な事件を、将来の日本社会の希望へと変えていかなければならない。そう切に願います。

4

「奥さんたちの期待に応えられなきゃ、君は男じゃないよ。」

仕事・育児・家事に、忙しくも幸せに
暮らしていた新婚夫婦。
運命の歯車が狂い始め、追い詰められたあげくに
罪を犯した男性に、裁判官は何を語りかけたか？
［1999年1月25日 大阪地方裁判所］

■妻と子どもを食べさせなくては……

29歳の建設作業員の男性は、共通の友人の紹介で19歳の女性と知り合いました。すぐに意気投合して結婚。まもなく子どもを授《さず》かりました。

男は脇目もふらず、毎日毎日、早朝から夜遅くまで働きつづけました。とにかく稼いで、妻と娘に余裕のある暮らしをさせてあげたい一心でした。どんなに嫌でつらいことがあっても、愚痴《ぐち》ひとつこぼさず、歯を食いしばって仕事に邁進《まいしん》していました。

夫とは歳の離れた妻でしたが、しっかり者で、家事や育児を手際よくこなし、家庭を支えていました。赤ちゃんの夜泣きで目が覚めても、めんどうがらずに、ミルクを与えて子守歌を歌ってあげました。

寝静まったその寝顔を見るのが、ふたりの喜びであり、励みでした。幸せな家族をつくるため、ふたりは協力し合いながら、前を向いて頑張りつづけていました。

しかし、事態は急転します。

夫が勤務していた建設会社が、資金繰りに苦しんだあげく、倒産してしまったのです。夫は、社内の雰囲気や仕事量の減少などで、会社が危機的な状況にあるのだろうと、薄々、感づいていました。

ただ、自分がこれだけ頑張って働いているのだから、会社がつぶれるわけがないと、心のどこかで楽観していました。それだけに、倒産の知らせを聞いたときの落胆は大きかったのです。自分の頑張りが報われない現実を呪《のろ》ったことでしょう。

夫は職を失ったことを、しばらく妻にはいえずにいました。給料を稼いで家計にゆとりを持たせることこそが、旦那で父である自分の務めであり、誇りであり、存在意義だと考えていたからでしょう。

会社がつぶれようと、赤ちゃんは育てていかなければなりません。つぎの仕事がなかなか見つからなくても、一家の生活費を、来月以降も変わらずに家へ入れつづけなければなりません。夫はそのプレッシャーで押しつぶされそうになっていました。

■稼げなくなった男のプライドが傷つき……

夫は、刑事裁判の被告人として、法廷の中央に立っています。

検察官が公訴事実を読みあげています。被告人は、大阪府内の住宅街の路上で、歩行中の主婦らに背後からバイクで近づき、追い抜きざまに財布入りのバッグを奪う、ひったくりの犯行を繰り返していました。

余罪が多く、捜査は難航します。男のひったくりの罪を立件する追起訴が繰り返され、被害が把握できているだけでも9件のひったくりが、裁判の対象になりました。総被害額は56万円あまりにのぼります。

傍聴席に、妻や娘の姿はありませんでした。

バイクでのひったくりは、ひじょうに危険な犯行です。バッグのひもで引きずられて被害者が転倒してケガでも負えば、窃盗罪ではすまず、強盗致傷《ごうとうちしょう》という重罪にもなりかねません。

弁護人は、夫が盗んだお金を、妻が代わりに被害者へ弁償していたことを示す証拠を提出しました。貯金をはたいたり、両親や親戚に頭を下げて借りたりしながら、用意したお金でした。

弁護人によって、2人目の子どもが無事に生まれたことも明らかにされました。夫は泣きじゃくりながら、「2人目ができたと知ってから、ますます生活費を持って帰らなければならないと、すごくプレッシャーになりました。本当に情けないです」と、たびたび言葉を詰まらせながら答えます。

つぎの仕事を見つけるのが本来の筋ではないかと尋ねられると、夫は「もちろん、本来はそうですが、働き口が見つからず、投げやりになっていたのかもしれません。家族にも、被害者の方にも、本当に申しわけないことをしました」と、うつむきながら涙声で謝罪の言葉を述べました。

担当の吉井広幸裁判官は、おもむろに、

「家族の絆《きずな》に報いるよう、これからますます努力しなければなりませんね。これで立ち直れなきゃ、君は人間失格だよ」

と、厳しい口調で指摘します。夫は黙って、その言葉を噛《か》みしめていました。

■温情判決、そして熱いひと言

吉井裁判官は判決公判で、懲役3年を言い渡したうえで、その刑に5年間の執行猶予をつけました。まずは、

「働いていた会社が倒産したという事情はあるが、別の会社に就職することもできたのに、安易に窃盗を繰り返した。常習的であり、本来であれば実刑に処すべき内容である」

と厳しくその罪を追及します。しかしながら、

「被害はすでに、全額弁償されているうえ、もし被告人が服役すれば、家族がかえって路頭に迷うおそれもある。また、妻が被告人ともう一度やり直すことも望んでいる」

として、これからへの更生の期待をこめて、特別に執行猶予をつけたと説明しました。

そして最後に、吉井裁判官は被告人に対して、ひと言つけくわえたのです。

「助けてくれた奥さんたちの期待に応えられなきゃ、君は男じゃないよ」

裁判は、社会の「下水道」のようなものだと実感しています。

家庭や仕事、政治や娯楽など、この社会の表側を流れる「上水道」のことに夢中で、日々忙しくしている私たちは、裁判という「下水道」のことなどに、いちいち思いを馳《は》せている暇《ひま》はありません。

しかし、裁判がキッチリ機能していなければ、この世の中はどうなるでしょう。法律的なトラブルはこじれ、犯罪者は開き直り、反省も更生もしません。そうなれば、社会の澱《よど》みや歪《ゆが》み、人間の恨《うら》みや邪心《じゃしん》、憎悪《ぞうお》といった汚い部分が「浄化」されずに表へ噴きだしてきて、社会の「上水道」まで汚物まみれになってしまいます。

「社会の汚物」を裁判所が適切に処理してくれなければ、人間の文明的な暮らしが成り立ちえない事実を、私たちはしばしば忘れがちです。

ただ、犯罪者に、最初から「悪い人」はいません。排水に、最初から「汚れている水」がないように、汚れたくて汚れる人などいないのです。吉井裁判官のような方は、犯罪からの立ち直りという「社会の下水道」としての裁判所の役割を、しっかりと果たしているように感じます。

5

「普通の生活をして、初めて救いがあります。来年の春に再出発してください。」

お地蔵さまに供えられた540円を盗んだ男性に
即刻、刑務所いきを命じる判決。
厳しい刑罰の奥に込められた、裁判官の真意とは？
[1995年10月24日 金沢簡易裁判所]

■お地蔵さまからお金を失敬した男性

「なぜ、盗んだんですか？」

検察官からの厳しい問いかけに対し、60代の男は肩をすくめながら、のどの奥から無理やり、声を絞《しぼ》りだすように答えます。

「お金がなかったので……」

「それもね、あなたが盗んだのは、お地蔵さまにお供えされたお賽銭《さいせん》ですよ！『浄財《じょうざい》』ともいわれますよね。よりにもよって、人々の思いや祈りが込められている、そんなお金に手をつけるなんて、罰当《ばちあ》たりだとは思わないんですか？」

道端の地蔵にお供えされた金銭、計５４０円を盗んだとして、窃盗の罪で起訴されている男は、すこし間をおいて考え、こう返しました。

「お地蔵さんが……、地蔵さんが助けてくれると思ったんです。お地蔵さんのお供え物は、みんなのものじゃないかなって」

検察官は、驚いて聞き返します。

「そんな自分勝手な考え、ありますか？」

「勝手なのかもしれませんけど、困っていたので、お地蔵さまも怒らないと思うんです。お供え物のお下がりは、誰でも食べていいと思ってますし……」

■検察官の正論が心に深く刺さる

男は、10年前に職を失い、それ以来、仕事に対する意欲を持てなくなっていたようです。「頑張って仕事をしても、クビを切られるときは切られる……」という、痛々しい過去の経験ばかりが心の中で膨《ふく》れあがり、つぎの勤め先を真剣に探す気力も湧《わ》いてこなかったのでしょう。

やがて、家の中でも居場所を失うようになった男は、窃盗事件を起こすまでの約2年間をホームレスとして過ごしてきたといいます。何を食べて、どこで寝るか。暑さや寒さをどう凌《しの》ぐのか。生き延びるために最低限のことしか考える余裕がないまま、その日暮らしをつづけていました。

この男だって、若い頃には「未来は明るい」と信じていたはずです。

大人は子どもより、いろんなものを買える。友人や知人もたくさんできる。歳をとれば偉くなる。漠然《ばくぜん》とそう信じていたはずなのですが、実際には、時が経てば経つほど、失うものばかりが増えていく……。

歳を重ねるごとに、関わりのある人や物が、まわりから少しずつ離れていき、気づけば、自分の身ひとつしかなくなってしまったのです。

法廷では、検察官からの質問がなおもつづきます。

「どこで道を踏みはずしたと思いますか？」

「努力が足りなかったんじゃありませんか？」

「問題と向き合わず、つねに逃げてきたのではありませんか？」


男の言葉数が次第に少なくなっていきます。検察官の問いかけが、もはやこれまでの人生を全否定する説教のようにしか聞こえず、さっさと終わらせるため、受け流そうとしていたのかもしれません。

土下座してでも、ふたたび家に入れてもらえばよかった。それはわかっている。だけど、味方がいない家でストレスを抱えながら暮らすよりはマシだと、ひとりを選んでしまった。

役所に助けを求めればよかったのもわかっている。だけど、税金で養ってもらうのには抵抗があった。

自分では認めたくないが、生きるための知恵がたりないのもわかっている。だけど、知恵をつけてこなかったのをいまさら後悔しても遅い……。

一転して、壇上の広田秀夫裁判官は、優しい口調で問いかけます。

「これから、どうしていきますか？」

男は、またもう一度、人生をゼロから出発させたいと、更生への決意を述べます。しかし、10年以上も無職で、住まいもなく、家族から見放されているのも事実。裁判が終わった後、ふたたびホームレスに戻ってしまうのではないかとの心配もあったのでしょう。

「やり直したい」という男の宣言が、その場を取りつくろうための軽い言葉でないことを、広田裁判官は何度も確認しました。

■裁判官はなぜ実刑判決を言い渡したのか

そして、判決公判の日を迎えます。

広田裁判官は、男に対して懲役8か月の実刑判決を言い渡しました。

窃盗の被害額は540円と少なく、他人の財布などから盗み取るよりも悪質さが低い犯行なので、執行猶予がついてもおかしくありませんでした。しかし、裁判官は実際に8か月間、男に刑務所で服役させる決断をしたのです。

しかし、この実刑判決に秘められた真の意味は、最後の最後で明らかとなります。閉廷の直前、広田裁判官は男に対して、このように語りかけました。

「地蔵に助けてもらいたいという気持ちは、わからないでもありませんが、普通の生活をして、初めて救いがあります。これから寒くなるので、冬の間は服役し、よい気候となる来年の春に再出発してください」

普通の人々にとって、刑務所いきの実刑判決は、これまで築き上げてきたものの多くが崩れ去ってしまう、恐ろしい刑罰です。しかし、ホームレスの男にとって、刑務所はむしろ厳しい寒さをしのぐ「避難所」の役割を果たすわけです。

判決当日は10月下旬、北陸の厳しく真っ白な冬が、すぐそこまできていました。その冬の間、男は今後の身の振り方について、刑務所の中でじっくりと考え、弁護士や刑務官らと相談しながら、すこしずつ準備を進めたことでしょう。

もし、この裁判の担当が広田裁判官でなければ、パターンどおりに執行猶予を言い渡して、男を寒空《さむぞら》のもとへ出し、ホームレスという立場を固定させてしまったかもしれません。

6

「もう、
やったらあかんで。
がんばりや。」

感激した被告人が泣きくずれ、そのとき40センチの
段差が縮まった。「ナニワの人情裁判官」が
得意とした、法廷でのスキンシップとは?
[2003年10月29日 大阪地方裁判所]

■女性はなぜ追い詰められたのか

スーパーマーケットで、約３０００円相当の食料品を一度に万引きしたとして、40代の女性が逮捕されました。その女性は、別のスーパーでパート勤務を続けながら、ふたりの子どもを育てている、いわゆるシングルマザーでした。

パートの収入だけではどうしても生活費がたりず、自治体から生活保護を受けながら、ギリギリの暮らしを送っていたのです。ただ、子どもが成長するにつれ、教育費などがかさんできます。パート収入に生活保護の給付金をたしても、なお食費を切り詰めなければならない日々が続いて、ついに一線を越えてしまったのでした。

この万引き事件を「お金のやりくりを学ばずに、怠《なま》けてきたのが悪い」「ちゃんと貯金しておかないのが悪い」などと、やりくり上手の賢い方が、女性を責めて突き放すのは簡単です。

しかし、お金のやりくりが苦手な人々は、なかなかその弱点を克服できないまま、この社会で生きづらさを感じつづけているものです。なぜなら、日本の小中学校では「お金の教育」がほとんどおこなわれてこなかったからです。

昭和の高度経済成長やバブル景気の時代を経て、「お金の話は汚い」という常識がひろく共有されている社会だからでしょうか。裏を返せば、お金のことを真剣に考えなくても、とりあえず生きていける幸せな時代がしばらく続いていたのです。

そもそも「お金の教育」は、ある程度の経済的・時間的余裕があるからこそ、知識が頭に入り、準備できるのです。本当にせっぱつまった状況では、「とにかく何でもいいからお金がほしい」という焦りの感情を止められなくなるでしょう。

本件の女性が、どうしてそこまで経済的に追い詰められていたのか。それは生き別れた夫の借金を、肩代わりして返済しつづけていたからでした。どうやら、夫は厳しい返済請求に耐えかねて、夜逃げ同然でいなくなったようです。

本来、妻は夫の保証人になっていない限り、夫が個人的につくった借金を背負う必要などありません。しかし、現実にはいろいろな金融機関から夫に対する請求書がひっきりなしに自宅の郵便受けに届きます。それで「わたしが返済しなくてはいけない」と、ひとりで責任を抱え込んでしまったのかもしれません。

■ふたたびの執行猶予

万引きの動機は、おもに3種類に分けられます。

ひとつは、換金目的の万引き。ようは「金めあて」の犯行です。万引きする商品そのものには関心がなく、それが高く売れるかどうかに関心があります。

ふたつめは、ストレス解消目的の万引き。どうすれば店員に見つからないか、戦略を立てて、スリルを味わうための犯行です。いわゆる窃盗症（クレプトマニア）患者の万引きも、ここに当てはまるのでしょう。

そして、ここで採りあげている事件は、食べるのに困って食料品を万引きする、いわば「生存目的の万引き」でした。女性の場合は、自分だけでなく育ち盛りの子どもたちを食べさせなければなりませんし、成長するにつれて養育費もかかります。毎月の借金返済が、暮らしをギリギリまで圧迫していたはずです。

女性は3年前にも万引きの容疑で捕まり、執行猶予つきの有罪判決を受けています。もちろん、万引きはれっきとした窃盗罪であり、社会的に厳しく非難されるべき犯罪です。

今回は再犯で、しかも執行猶予期間中の犯行です。さすがに、女性の執行猶予は取り消され、刑務所いきを命じられるものだと思われました。

しかし、担当した杉田宗久裁判官は、女性に対して特別に「2回目の執行猶予」をつけたのです。

■被告人に握手を求めた裁判官

執行猶予中の再犯で、さらにもう一度、執行猶予をつけるのは異例です。法律上、「再

度の執行猶予」をつけるには、
（1）1年以下の懲役刑（または禁固刑）を言い渡すこと
（2）前の執行猶予に保護観察（保護司による日常生活の監督）がついていないこと
（3）情状にとくに酌量《しゃくりょう》すべきものがあること
という、3つの条件を満たす必要があります。

杉田裁判官は、女性に対して懲役1年の刑を言い渡し、（1）（2）の条件を満たしたうえで、

「子どもにひもじい思いをさせたくないと考えて、やむをえず犯行におよんでいる。もし実刑を科せば、学校に通う2人の子どもの生活が行き詰まってしまう」

と述べ、（3）の特別情状酌量を認めました。

しかも、杉田裁判官の温かい裁きは、それだけではありませんでした。

閉廷したあと、女性に声をかけた杉田裁判官は、壇上の裁判官席から身を乗りだすようにして、握手を求めたのです。


「もう、やったらあかんで。がんばりや」

杉田裁判官から、優しく手を握られながら励まされた女性は、感激のあまり、その場で泣きくずれ、涙声で「ありがとうございます」と何度も繰り返しました。

関西弁の「がんばりや」に、思いのすべてが詰まっているようにも感じられます。

法律の論理で温情をかけ、握手を求めるスキンシップで感覚にも訴えかける。担当の裁判官にここまでされて、なおも万引きを繰り返す人が果たしているでしょうか。夫がつくった借金の問題なら、弁護士に相談して解決することもできます。


筆者は、杉田裁判官の「励まし握手」を、この裁判以外でも何度か目撃したことがあります。裁判官がいる法壇は、法廷の床より40~45センチ高くなっています。

きっと、法壇から降りて握手をすることもできるでしょう。しかし、杉田裁判官はそれをせず、あえて高い位置から握手を求めます。被告人に対して、心情的には歩み寄るけれども、裁判においては立場の違いがあるのも事実です。そのため、杉田裁判官なりにけじめをつけていたのかもしれません。

7

「娘さんを公園に連れていって、久しぶりに話をしてみては…」

娘の新入学の準備費を調達するために
犯罪に手を染めてしまった父。
裁判官が、さっさと審理を打ち切った理由とは？
［2014年11月14日 佐賀地方裁判所］

■儲け話をもちかけられた……

「これからは、娘に恥じない生き方をしよう」

妻との間に生まれた可愛い女の子を胸に抱いているうち、内側から熱い感情が込み上げてくるのを感じた男は、暴力団からの脱退を決意しました。

毎朝、娘の愛らしい寝顔を見てから、男は堅気の仕事を探しに出かけますが、そう簡単には見つかりません。建設業など日雇いの仕事で、どうにか食いつなぐのですが、いくら頑張っても、短い期間で雇い止めとなってしまい、また違う日雇いを探す……。貯金ができたかと思えば、仕事を失って食いつぶすしかなくなる……。

その繰り返しで、6年の歳月が流れました。つぎの年の春、娘は小学1年生となります。男は追い詰められました。娘に立派なランドセルを買ってあげたいのに、経済的な余裕がない。親として、娘の門出を祝福してやれない自分を日々、責めつづけていました。

そんなとき、かねてからの悪友に出会い、儲け話をもちかけられました。

「使わん銀行口座、お前、持っとらんや。通帳とキャッシュカードば、セットで3万で買うやつがおるとよ」

その話を聞いた男は嬉々《きき》として、さっそく銀行へ出向き、新たに口座開設を申し込みました。銀行口座なんて、タダ同然でつくれるので、まるまる3万円の現金を受け取ることができたのです。

▒銀行口座を他人に渡せば犯罪に

銀行など金融機関の窓口で、口座へ振込みや入金をするだけなのに、身分証明書の提示を求められたことはありませんか。なかには、「写真つきの身分証じゃない」とか「振込み申込書と身分証で住所の記載が異なる」などという理由で手続きが断られ、腹を立てたり、ガッカリさせられたりした経験のある方もいるはずです。

かつては通帳と印鑑さえあれば、簡単にできたはずの手続きが、そう簡単にできなくなっています。お金を受け取るのでなく、支払う立場なのに「なぜ厳格な身分証明まで求められるのか?」と、疑問に思う人もいるでしょう。

ただし、銀行側にしても、お客様に対して疑いの目を向けたくないのが本音です。

2007年に金融庁は、「金融機関等による顧客等の本人確認等に関する法律(現在は「犯罪による収益の移転防止に関する法律」)に基づいて、ガイドラインを作成し、指示しました。全国の金融機関に対して、現金振込や10万円を超えるカード振込を申し込まれた際は、本人確認を義務づけるよう求めたのです。

銀行口座の本人確認が厳しくなった背景には、ふたつの理由があります。

ひとつ目の理由は国内犯罪を減らすことです。おもにお年寄りを狙って、その孫などの親族を装い、現金を騙《だま》し取る、いわゆる「振り込め詐欺」の手口をマネする連中が全国にあふれかえっています。

こうした犯罪グループは、被害者に銀行口座からお金を振り込むよう指示することがあります。もし、その振込先として指定された銀行口座が、他者から譲り受けたものなら、誰の口座なのか特定できず、警察はその摘発が難しくなってしまうのです。

また、出資法に違反するほどのボッタクリ利息で金銭を貸す「ヤミ金融」も暗躍しています。彼らは、「キャッシュカードを預かることを条件に、お金を貸す」などと言い張る場合があります。もし、ヤミ金にいわれたとおりにカードを預ければ、ヤミ金だけでなく、お金を借りた側まで罪に問われてしまうのです。

ふたつ目の理由は、国際犯罪組織に対してプレッシャーをかける目的です。裏組織が犯罪によって得た収益を、複数の口座に転々と渡らせて、正当な取引のように装うことによって、資金源をバレにくくする「マネー・ロンダリング（資金洗浄）」という手口があります。ここでも、他人名義の架空口座が悪用されることが多いのです。

また、テロ行為への資金的な援助や寄付を受けつけるのに使われるテロリストの口座も、ほぼすべてが他人名義のものです。

したがって、銀行口座の売却・譲渡は厳しく処罰され、最高で懲役1年の刑が科されると定められています。もし、最初から譲渡するつもりで口座の新規開設をすると、銀行に対する詐欺罪も成立します。最高で懲役10年が科されうる重罪です。

■15分間の休廷後に裁判官は……

娘の喜ぶ顔を見たい一心で、目先の3万円欲しさに、銀行口座の売買に安易に応じてしまった男は逮捕され、裁判所で被告人として裁かれることになりました。

傍聴席では、妻と娘が見守っています。男は素直に罪を認め、正直な気持ちを法廷に吐き出しました。

「どうしても生活が苦しくて、やってしまいました。悪い連中との縁を断ち切るため、ここまで頑張ってきたのに、本当に自分が情けないです。これから、今度こそ家族のため、一生懸命やるしかない……」

すると、担当の杉田友宏裁判官は、被告人質問を早々と打ち切り、検察官に求刑させて、結審しました。

「いったん休廷とします。15分ほどお待ちください」

そう告げると、裁判官は法廷を出て行きました。被告人も手錠と腰縄につながれ、看守に連れられて、法廷外の部屋で待機しています。もどってきた杉田裁判官は開口一番、判決を言い渡しました。

「この裁判確定の日から3年間、その刑の執行を猶予する」

男にもう一度、社会人として、夫として、そして父として、人生をもう一度立て直すチャンスを与えたのです。たった15分で判決文を書きあげた杉田裁判官は、男に対して、このように諭しました。

「明日は土曜日ですね。娘さんを公園へ遊びに連れていって、久しぶりに話をしてみてはどうでしょうか。これから娘さんに、父親としてちゃんとした姿を見せてください」

男は涙声で「ありがとうございます」と、深々と裁判官に一礼しました。

判決公判の日を1～2週間後に定めて結論を延ばすより、被告人の気持ちが熱いうちに判決まで言い渡し、傍聴席にいる家族と一緒に帰宅するほうが有益だと判断したのでしょう。そのほうが、父の更生においても、娘の情操の面でも、いい効果をもたらすはずだと杉田裁判官は信じたのです。

8

「その感触を
忘れなければ、
きっと立ち直れますよ。
更生できます。」

被害額は数億円。リフォーム詐欺グループの主犯格の男性を裁いている途中で、裁判長がいきなり審理をストップさせたわけとは？
[2007年5月18日 奈良地方裁判所葛城支部]

■「不当な費用を取りもどします」

就職活動の末に、とあるリフォーム会社で共に働くことになった20代の男ふたり。営業部に配属され、外回りをする先輩社員についていました。しかし、間もなく「一身上の都合」により、ふたりとも退職してしまったのです。

入社から退職まで、わずか3日。

「ちょっと嫌になったら、すぐ辞めるなあ、最近の若い連中は……」

「うちで続かないヤツが、どこへ行っても続くもんか」

あきれた上司たちは、口々に文句をいっていましたが、忙しい日々をすごすうちに、やがて、辞めた彼らの存在など忘れ去っていました。

しかし、彼らのその退職こそが、とある集団詐欺事件の始まりだったのです。

奈良県に住む70代の女性宅に、1本の電話がかかってきました。県警本部の警察官を名乗る男からの問い合わせに、女性はひどく驚きます。

「あなたのお宅で最近、リフォーム工事をなさいましたか？　そのリフォーム会社が各家庭から不当に、高額のリフォーム費用を受け取っていたことが判明しまして、それで確認の連絡を致しました」

自分が詐欺の被害に遭《あ》った可能性について聞かされ、動揺を隠せない女性に対し、電話口の男はなおもつづけます。

「心当たりがありますか？　間違いありませんね？　大丈夫ですよ。取られすぎた費用は、いまからでも取りもどすことができます。ただし、そのために手数料をあらかじめ預からなければなりません。これから、係の者がご自宅へうかがいます」

電話を切って数時間後、女性宅の玄関先にラフな格好の男がやってきました。「周辺の住民に警戒されないよう、いまは制服を着ていません」などと説明した男は、手数料の名目で女性から100万円単位の現金を受け取ったのです。

こうした一連の手続きが、すべて詐欺行為でした。ただし、当時から話題になっていた「リフォーム詐欺」や「振り込め詐欺」の典型的なパターンそのままではなかったため、被害者はさほど警戒心をもたなかったのです。

■被告人の息子が審理中に泣きだす

警察官を装った詐欺グループは3人組。リフォーム詐欺を意識させながら、警察官を装ってお金を騙し取るという二重構造の詐欺……。大胆かつ巧妙な手口により、3人が逮捕された時点で、すでに被害総額は億を超えていました。

逮捕されたうち、2人はリフォーム会社に勤務していた3日間で、約3000人分の顧客名簿をこっそりコピーし、その後、すぐに会社を辞めたのです。自宅をリフォームした経歴がある顧客を詐欺のターゲットにしようと、氏名と電話番号をリスト化したのです。

3人組のリーダー格の男は22歳。法廷での立ち居振る舞いこそ堂々としていますが、口元を真一文字に結ぶその表情からは、緊張感も垣間みえます。傍聴席には、1歳になる息子を抱く妻の姿もありました。

裁判は粛々《しゆくしゆく》と進行していきます。厳罰を求める被害者の供述や、被告人らが騙し取った被害額、その金づかいの荒さなどについて、検察官が書面を読みあげていきます。

すると突然、法廷の静けさを破って、うしろの傍聴席で赤ん坊が泣きだしました。被告人はわずかに振り返ります。妻はあわてて傍聴席を立ち、廊下へ出ていきました。

それでも壁を隔てて、法廷の中まで泣き声が聞こえてきていましたが、審理が進むうち、声もだんだんと静まっていき、やがてもとの静寂がもどってきました。

法廷のドアを開けた被告人の妻は、ふたたび傍聴席へ腰かけようとしています。その様子を見て、この裁判を担当していた榎本巧裁判長はいったん審理を止め、こう指示しました。

「被告人の奥さん、証言台のところへきてもらえますか」

事務官に促され、妻は息子を抱きながら、傍聴席の前方にある柵の扉を片手で開けて、証言台のイスに座る被告人のそばへ歩み寄ります。まだ、むずがっている息子の表情を、被告人はしきりに気にしています。

■被告人の更生のためにハプニングを活用した裁判長

そして、榎本裁判長は、このように声をかけました。

「久しぶりでしょう。被告人、息子さんを抱いてみてください」

席から立ちあがった被告人は、妻の手元から息子を受け取ります。そのとたん、被告人は前かがみに姿勢をくずし、嗚咽《おえつ》をもらし始めたのです。

裁判が始まる前から、ずっと自信満々に振る舞っていた被告人。その強気の糸がプッンと切れた瞬間でした。

すっかり泣きやんだ息子は、ジッと、父親の顔をのぞき込んでいます。

「その感触を忘れなければ、きっと立ち直れますよ。更生できます」

そう勇気づけた裁判長に向かって、被告人は手元に息子を抱いたまま「ありがとうございます」と、涙声で礼をいい、頭を深々と下げました。

のちの判決公判で、榎本裁判長は懲役3年を超える実刑判決を言い渡しています。県内外の多くのお年寄りから、莫大な額のお金を騙し取った詐欺グループを率いていた責任は重大であるとして、執行猶予をつけることはふさわしくないと結論づけたのです。

被告人は、裁判長のほうをまっすぐに見据え、「家族のために刑務所で勤めあげ、かならず更生します」と誓い、閉廷しました。

若い被告人のリーダーシップは集団詐欺で悪用され、たった3人の犯行によって大勢の被害者を巻き込んでしまいました。

しかし、彼が刑務所を出た後にはきっと、そのリーダーシップがまっとうな仕事のため、そして家族の幸福のために活かされることでしょう。

実刑判決を言い渡すときこそ、裁判官の真価が問われます。これから刑務所で服役してもらう意味を、被告人の心腹《しんぷく》に落ちるように言い聞かせ、納得させるべきだからです。裁判官がその役割を果たせなければ、刑務所は反省を深める場ではなく、恨《うら》みを膨《ふく》らませる場ともなりかねません。

9

「息子さんの長所、いいところを3つ、言ってみてください。」

夜が明けるまで殴る蹴る。つづいて約1週間にわたる育児放棄……。「ひとりの母親」として、裁判官は涙ながらに何を問いかけたか？

［2010年10月7日 横浜地方裁判所］

■飢えに耐えかねた男の子

深夜、コンビニの店員に対して、ある客からクレームが入りました。買い物をしながら10分以上も待っているのに、トイレがなかなか空かないので、なんとかしてほしいというのです。店員は「大丈夫ですか?」と声をかけながら、店の奥にひとつだけあるトイレ個室の扉を何度も叩きつづけます。

鍵を外す音とともに、開いた扉の向こうで立っていたのは、小さな男の子。商品のおにぎりを何個も食べつくした形跡があり、裂けた包装のビニールがトイレの床に散乱しています。そのおにぎりは、まだ会計をすませていませんでした。

店員からの通報を受けて駆けつけた警察官は、おにぎりを万引きしたのが小学生だとわかり、補導をして家に帰すつもりで取調べを進めていきます。

すると男の子は、「お母さんに蹴られるのが嫌で、何か食べたくて、家を出てきた」と、虐待被害をほのめかす話を始めたのです。その全身には、激しい暴行を受けた痛々しい傷跡やあざがいくつも見つかりました。

その当時、男の子は1週間近くにわたって、何も口にしていなかったそうです。ひどい空腹に耐えかねて「このままでは死んでしまう」と、恐怖に震えた男の子は夜おそく、家族みんなが寝静まるのを待って、こっそり自宅を出ました。暗闇の中に見えるコンビニのネオンを頼りにして、店に入るやいなや手当たりしだいに食料品をポケットに入れると、トイレへ駆けこんで鍵をかけ、必死にむしゃぶりついたのです。

後日、男の子の父親と、同居していた女が、傷害の共犯の疑いで逮捕されました。自宅で人知れず、男の子に繰り返し暴行をふるっていた実行犯は、血のつながっていない同居の女のほうです。その暴行を、実の父親は黙認していたといいます。

容疑者のふたりは、籍を入れずに同居し事実婚の状態でした。過去に離婚したなどの理由で、それぞれ複数の子どもがいて、ひとつ屋根の下に7人で暮らしていました。ただ、容疑者ふたりは、義務教育の年齢にある子どもたちを、ほとんど学校に通わせていなかったというのです。

■「警察が騒ぐことじゃない」と開きなおる女

ある日、スーパーの惣菜売り場で買ってきて、冷蔵庫に入れておいた「鶏の唐揚げ」を、男の子はつまみ食いしました。それが女に見つかってしまいます。

異様なほど腹を立てた女は、男の子を台所の板張りの床に正座させ、夜間から翌朝にかけ約10時間にわたって木刀で全身を殴りつけたり、首を絞めたりする激しい暴行をくわえ続けました。

その後、さらに罰として1週間近くにわたって、いっさいの食事を与えていなかったのです。唐揚げをただ、つまみ食いしただけなのに……。

取調べでも、女は開きなおった態度で「多少、手を出したこともあったかもしれないが、たいしたことはない」「警察が騒ぐようなことじゃない」などと答えています。

実の父も「嘘が多く、手癖が悪いやつなので、いつか、少年犯罪を起こすのではないかと不安だった。しつけの一環だ」と、虐待を正当化する供述を繰り返しました。

ふたりの言いわけや自己弁護がただひたすら綴《つづ》られた供述調書に目をとおし、法廷で涙を流したのは、担当の香川礼子裁判官でした。

「私にも、被害者と同じ年頃の子どもがいます。この裁判をきっかけに、いままでの子育てを思いだし、私自身も反省しながら事件と向き合っています」

そのように身の上を告白すると、異例の問いかけを始めました。

「被告人両名。あなたたちは、息子さんのいい部分に目を向けていましたか。息子さんの長所、いいところを3つ、いってみてください。いえますか?」

被告人のふたりは答えに詰まり、黙ったまま突っ立っています。

香川裁判官は、さらにつづけます。

「お父さん。あなたは、息子さんの嘘が多いといいましたね。でも、なぜ嘘をついたのか、考えたことはありますか？」

「子どもの言動の裏には、そうせざるをえない理由があったのではないでしょうか。親がふたりとも怒ったら、子どもは逃げ場がありませんよ！」

涙声の叱責《しっせき》が法廷の壁にわずかに反響し、続いて沈黙が張り詰めます。

■自身も「ひとりの母」として渾身《こんしん》の説諭をした裁判官

しばらくして、香川裁判官がふたりの被告人にふたたび問いかけました。

「『子どもは親の鏡で、子どもをみればどういう家庭で育ったかわかる』といわれたことがあります。ふたりは、息子さんに愛情をそそいだと胸を張っていえますか？　自信をもって『こんなふうに育ちました』と、世間にいえますか？」

裁判官の言葉が心に響いたのか、女も涙を流し始めました。

そして、「私たちが間違っていました。本当に申しわけありません。親としてあまりにも未熟で、後悔しています。もし許されるなら、これからは優しい心をもった母親になりたいです」と述べたのです。

つづいて父も小声で「反省しています」と答えました。

後日、香川裁判官はふたりに懲役1年の実刑判決を言い渡し、

「将来、刑務所を出たのち、子どもと会ったり暮らしたりする可能性も、ゼロではないかもしれません」

と述べ、親権が剝奪《はくだつ》される可能性をけっして否定しませんでした。そのうえで、

「また同じようなことを繰り返したら、これ以上の不幸はありません。裁判でのやりとりを思いだし、自分はどうして事件を起こしてしまったのか、どうすれば防げたのか、考えつづけてください」

と説諭しました。

香川裁判官の言葉は、「世の中の母親の気持ちを代弁した」という評価もできるかもしれません。実際には、ひとりの母親としての実感がこもった個人的で素朴な憤《いきどお》りが、裁判官という公的な立場を通じて発せられた言葉だったのではないでしょうか。

2018年、全国の児童相談所が市民からの児童虐待相談に対応したのは約16万件で、過去最多を記録しました。少子化の時代にもかかわらず、前の年より20%近くも急増しているようです。しかも児童虐待は、自宅というプライベート空間で起きる、もっとも発覚しにくい犯罪です。児童相談所が対応している件数だけが、すべてではありません。

10

「現実と向き合うのが難しいと思います。しかし、できることは何か、考えてください。」

地元で愛されつづけたラーメン屋が
あっという間に全焼した。
しかも、その炎は住宅を次々と呑み込んでいく。
絶望する店主に、裁判長が投げかけた言葉とは?
[2017年11月15日 新潟地方裁判所高田支部]

■大延焼で景色が一変した街

勢いよく渦を巻いて立ち昇る巨大な炎を見上げ、全身ずぶ濡れになった老店主は、ただ呆然《ぼうぜん》と立ちすくんでいました。空いっぱいに、けたたましくサイレンが響きます。市内のあちこちから、消防車が次々と住宅街へ入ってきます。

彼は、この街で50年以上もラーメンを作りつづけてきました。年の暮れのその朝も、いつもの店内で、メンマを鍋で仕込んでいて、途中ですこしだけ自宅へもどっていました。そのわずかな間に鍋が空炊《からだ》きとなり、やがて調理場に引火。店主が長年にわたって営んできた大切なラーメン屋は、たちまち全焼してしまったのです。

水道の蛇口を目いっぱいひねり、ホースで手当たりしだいに水を撒《ま》き、必死で火を消し止めようとします。しかし、店全体がすでに炎につつまれている状態では、もはや手の施《ほどこ》しようがありません。

しかも、被害はそれだけにとどまりません。延焼につぐ延焼で、町内の住宅146棟が延焼する大惨事となりました。ついさっきまで、当たり前に身近にあった景色を、巨大な炎がいっぺんに呑み込み、天へ昇る黒い煙へと変えてしまったのです。

死者や重傷者が出なかったのは奇跡的で、不幸中の幸いです。しかし、街じゅうで黒焦げとなった建造物など、その財産的な損失はあまりにも莫大で、取り返しがつきません。

中学校を卒業してすぐにラーメン店で修業した彼は、半世紀以上もラーメン一筋の人生を送ってきました。地元の多くのお客さんに愛され、笑顔で「おいしい」「うまい」といってもらえることを、日々の生き甲斐《がい》にしてきました。子どもの頃から何十年も、常連になっている顔なじみもいました。

なのに、この街に育てられ、この街につくしたいと頑張っていた自分が、その恩《おん》を仇《あだ》で返してしまった。老店主は激しい自責の念に駆《か》られます。

ラーメン屋の廃業届を役所に提出した瞬間、その胸はギュッと締めつけられ、目から涙がとめどもなく流れ落ちます。妻や息子とともに、延焼した住宅を一軒一軒まわり、頭を深々と下げて謝罪しつづけました。

その道中で、炭化して朽《く》ちた焼け跡がたびたび視界に入り、思わず目を背けたくなります。それでも、重い足を懸命に前へすすめ、街の人々ひとりひとりに、ひたすら頭を下げつづけました。

訪れる先では、厳しく責めるどころか、温かい励ましの言葉をかける人も少なくありませんでした。それでも気がすまない彼は、地元新聞社の朝刊紙にお詫びのチラシを折り込むなど、一貫して謝罪の姿勢をくずしませんでした。

▩強風が火災を拡大させた可能性

「料理人は、一般人以上に火の取り扱いに注意しなければなりません。厳しい処罰を求めます」

「絶対に許せません。責任の重さを自覚してほしい」

「怒りの感情はとくにありません。とにかく、自分の生活を立て直すので精一杯です」

地元住人の話を聞き取って記録した調書を、法廷で検察官が読みあげています。被告人にとっては厳しい内容のものが続きました。

仕事で火を使う責任のある人が、過失によって火災を引き起こしたとして、被告人は業務上失火の罪に問われ、刑事裁判を受けています。最高で、刑務所などに閉じ込められる禁固刑が科される可能性があります。

弁護人は、この大火災の法的責任を、被告人ひとりのみに負わせるのは厳しすぎると反論しました。なぜなら火災当日、その地方には、強い南風が吹き荒れていたからです。

たしかに、火をかけていた鍋を放置して外出した被告人の行為は非難されるべきですが、火災の被害が被告人の店だけでなく地域全体へ拡大したのには、気象条件による偶発的な要因もおおいにあると主張したのです。

気象庁のデータベースによれば、火災が発生した頃のこの地域の気象台は、南の風、平均風速13・8メートル、最大瞬間風速27・2メートルを観測しています。平均風速10メートルを超える強風には、樹木の枝を激しく揺らし、人々が傘を差せなくするほどの威力があります。

しかも、12月下旬にもかかわらず、その日の最高気温は20・5度を記録しています。おそらく、フェーン現象の影響でしょう。山脈を越えてこの地方へ吹きこんだ、暖かく乾燥した南風が、火の粉を広範囲に飛び散らせて、住宅街の延焼を拡大させたものと考えられます。

■情状酌量を認めて裁判長が語りかけた

判決公判の日、法壇中央に座った石田憲一裁判長は、主文を高らかに読みあげます。

「被告人を、禁固3年に処する」

業務上失火罪における最高刑の言い渡しです。

しかし、その禁固刑には執行猶予がつけられました。

「気象条件による偶発的な事情も重なり、通常よりも火災被害が拡大したと認められるた

め、その結果の責任すべてを被告人に負わせることはできない」

「被告人は初めから罪をすべて認めて、反省を深めており、周辺住人への謝罪も真摯《しんし》に繰り返している。情状面で酌《く》むべき事情として、刑の執行を猶予するのが相当」

との判断を示したのです。


そして石田裁判長は、70代で職を失った被告人に、こう語りかけました。

「結果があまりにも大きくなり、現実と向き合うのが難しいと思います。しかし、今回のことで、多くの人が苦しみながらも、元気を取りもどそうと、日々、活動しています。町や人のために、今後できることは何か、考えてください」


被告人は、閉廷後も証言台のイスに座ったまま、正面に向かって深々と頭を下げつづけました。

11

「今度は、あなたが捨てられるかもしれません。」

覚醒剤の乱用を、なかなかやめられない母。
立ち直ろうと、夜遅くまで仕事を
頑張りつづけた結果は裏目に出る。
裁判官から伝えられた警告とは？
[2011年11月22日 千葉地方裁判所]

■懸命に社会復帰しようとした女性

普通に暮らしていると気づきませんが、裁判所にいくと気づきます。この社会の見えないところで、違法薬物のネットワークが広がっている現実です。

千葉の刑事法廷で、覚せい剤取締法違反（所持・使用）の罪に問われていたのは、30代の女性です。すでに過去に3回、同じ罪で判決を受けているようで、4度目の裁判が開かれています。

検察官の冒頭陳述によると、彼女が最後に覚醒剤を買った場所は、筆者が個人的によく知っている街です。なんと、自宅の最寄り駅でした。朝晩は大勢の乗り換え客でごった返す、交通の要所としてのターミナル駅ですし、けっして治安が悪い場所ではありません。

そこに覚醒剤の売人がうろついている現実をまったく知らなかった私は、傍聴席で静かに心を騒がせていました。

前回の服役で刑務所に入っている間に、被告人の中毒症状もおちつき、覚醒剤なしでもすごせるようになっていました。刑期を終えた被告人は、できるだけ社会復帰をいそごうと、新しい職場で必死になって仕事に取り組んでいたそうです。上司や同僚にはやく認められようと、夜遅くまで退社しなかったといいます。

女性には家族がありました。夫とのあいだに3歳の娘がいます。ただ仕事に没頭するあまり、その小さな娘に、あたりが暗くなるまで、ひとりで留守番をさせていたのです。夫が仕事場から帰宅すると、娘は泣きじゃくりながら玄関へ駆け寄っていたそうですが、無理もありません。

女性は残業や休日出勤の連続で、強い心理的ストレスをかかえていました。仕事で成果をだして、職場に溶けこもうとするのですが、なかなか思うように事がすすみません。つい、覚醒剤のことが頭をよぎりますが、その誘惑を心の中で振りきります。

何度もためらい、何度も悩み、しだいに気分が落ち込み、ストレスがどんどん膨《ふく》れあがっていく……。彼女はついに売人のもとへ足を運びます。

覚醒剤の依存症状がわずかでも残っていると、強いストレスを解消する手段として、それ以外の選択肢が思い浮かばなくなるのかもしれません。たった一時の油断で、覚醒剤に振りまわされるばかりの人生が、また繰り返されてしまいます。

4度目の検挙にいたった被告人は、その直後、夫との離婚も決まりました。3歳になる娘は、元夫のもとへ引き取られていったのです。

■母に会えなくなった幼い娘の思い

検察官が提出した元夫の供述調書には、娘の心境も綴《つづ》られています。

「娘は、自分が『ママに捨てられた』と思い込んでいる」

「いまは娘に会わせるわけにはいかないので、『お母さんは病院に入院している』と伝えている」

「娘は『ママの頭がおかしくなったのを早く治して』といっている」

検察官が読みあげる供述調書の言葉に、ふと、娘の「声」を思いだしたのでしょうか。被告人はうつむき加減の姿勢で、背中を細かく震わせていました。


審理の終盤、担当した片岡理知《まさとも》裁判官は、女性にこう語りかけました。

「あなたが娘さんにしたことは、いずれ自分に返ってきますよ。もし、娘さんがあなたに捨てられたと感じているなら、今度はあなたが捨てられるかもしれません」

被告人は「はい」とだけ返事し、裁判は結審しました。


女性は覚醒剤から足を洗い、社会復帰をいそごうとしました。しかし、その末に、またしても覚醒剤に手を出しただけでなく、家庭まで失ってしまいました。

片岡裁判官からの厳しい指摘は、娘が日々味わってきた寂しさや恐怖心を母親に自覚させ、その心に刻みこませるための言葉だったのでしょう。

裏を返せば、「子どものために懸命に生きれば、いつかは何らかのかたちで返ってくる」という意味も込められていたように感じます。

違法薬物を使うのは一瞬です。しかし、違法薬物の誘惑から脱する治療のためには、一生をかけて取り組むことを覚悟しなければなりません。

■遅れている日本の依存症治療

芸能人やスポーツ選手ら有名人の中にも覚醒剤を乱用し、人生を狂わせてしまうケースが、ニュースなどで相ついで報じられています。

覚醒剤は、快感物質であるドーパミンを脳内で大量に発生させる作用があります。一時的に眠気が覚めたり、やる気がみなぎってきたりもします。

ただし、その作用の反動が、あとになって痛烈に襲いかかってきます。やがて、落ち着きがなくなったり、意欲が低下したり、幻聴が聞こえたりもするのです。

そんなものを放置していては、社会が成り立たなくなってしまうので、覚醒剤を所持すること、使用することなどは、法律で厳しく禁じられています。そのルールは、一度も覚醒剤を使ったことのない人に対しては、たしかに効果的です。

ところが、一度でも覚醒剤を使ってしまうと、これを使わずにいられない禁断症状が優位になるおそれがあります。そうなると、「処罰されるから覚醒剤を使わない」という、自分の意思の力だけでは強い欲求を抑えられなくなるのです。そのため、刑務所で服役させるだけでは不十分で、「禁断症状の治療」に重点がおかれなければなりません。

しかし、日本の法制度は相変わらず、覚醒剤の依存者に対して「処罰」を中心に置いたアプローチを取りつづけています。厳罰を科せば科すほど、覚醒剤の害が社会から取り除かれていく……という考えは、もはや時代遅れの思い込みです。

いっぽうで、仕事やお金、家庭や人間関係の悩みなど、たくさんのストレス要素であふれかえるこの世の中で、違法薬物に手を出すきっかけ（言いわけ）は、いくらでも身近に転がっています。

覚醒剤を世界で初めて作ったのは、じつは明治時代の日本人研究者でした。ただ、現在の日本で覚醒剤の禁断症状を治療する体制は、世界的にみても後れをとっているのです。このような皮肉な現状から早く抜けだして世界水準に追いつかなければ、日本の薬物汚染は近い将来、取り返しのつかないところまで行きつく危険があります。

12

「あなたは彼女の世界で、たったひとりの母ちゃんなんだよ。」

未成年の娘に身体を売らせて、その金で遊びまわっていた父母。「若かった頃、自分もそうさせられていた」と開き直る母に、裁判官は何を語ったか？

[2008年12月4日・25日 和歌山家庭裁判所]

■金をつくってきな……

15歳の女子中学生に売春をさせたとして、その母親と義理の父親が検挙された事件は、和歌山県内だけでなく、全国的にも報じられました。お金のために親が娘を売るなどという話は、せいぜい時代劇ぐらいでしか見かけません。それが現代の日本で実際に横行《おうこう》していたという事実は、大きな衝撃をもって世間で受け止められたのです。

その女子中学生は携帯電話を使いすぎ、母親に叱られていました。携帯電話会社から保護者あてに数万円単位の請求がきて、家庭内で問題になるのはよくあることです。

ただ、ここからが異常でした。その母親は実の娘に対して「あんたがやったことなんだから、体を売ってでも金をつくってきな」「私も昔、援助交際をやっていたんだから、なんとも思わん」などと脅《おど》して、売春を強要したのです。そして、男たちから受け取った金銭をすぐさま、義理の父親の銀行口座に振り込ませていたのでした。

そこから母親は味をしめたのか、「あんたのせいでガス代が払えない。ガス会社が取り立てにくるから、さっさとつくれ」などと娘に因縁《いんねん》をつけて、生活費用立てるために、繰り返し売春をさせるようになったようです。

警察の捜査によれば、約1年間にわたって数十回も売春させ、総計100万円以上を受け取っていたとみられています。

児童福祉法は、18歳未満の児童に対して淫行《いんこう》をさせることを禁じており、最高で懲役10年の犯罪と定めています。

また、母親の行為は売春防止法が禁じている「親族関係による影響力を利用して人に売春をさせた」(7条1項)場合に当てはまり、さらに「その売春の対償《たいしょう》の全部若《も》しくは一部を収受《しゅうじゅ》」(8条1項)しており、最高で懲役5年と定められています。

■母から娘へ、世代を超えた「悲劇の連鎖」

初公判の場では、娘が売春で得た金で、その母親が義父と一緒にパチンコに興じたり、遊びや外食に出かけたりしたという新たな事実が、検察官によって明らかにされました。何度も常習的に売春をさせているうちにエスカレートし、当たり前のことのように感覚が麻痺《まひ》していたのでしょう。

「お金を入れなければ夫はイライラして、子どもたちや私に当たり散らしてきたり、○○さんのところへ出かけて、もどらなくなったりしていました。それが嫌で、お金を渡しつづけるしかなかったんです」

弁護人からの質問に答えて、母親は娘に売春をさせていた理由について答えました。自分も被害者だといいたげな返答です。弁護人は質問をつづけます。

「○○さんとは誰ですか？」

「……夫は、ほかに好きな女性がいて、その人です」

「浮気相手というか、いわゆる愛人ですか」

「……そうですね」

とはいえ、「生活のため」と称して娘に売春をさせて得たお金を、夫婦のデート代に使っていたのも事実です。弁護人からの質問はさらにつづきます。

「あなたが主人と外食などに出かけている間、娘さんは何をしていたか知っていますか。弟さんの世話をしながら、ずっと帰りを待っていたんですよ。主人と遊んでいるとき、娘さんのことは考えませんでしたか？」

「考えませんでした」

「娘さんが売春で得た金で遊ぶことに、ためらいはありませんでしたか？」

「私自身が、親からそういうふうに育てられたんです。私も10代の頃に援助交際して、親にお金を入れつづけていました。お金を入れなければ、母は父に暴力をふるうので、私はお金をつくるのに必死でした」

少女の母親は、自分のつらかった身の上を告白し、「夫と、またやりなおしたいです」と、いまの率直な気持ちを答えました。

検察官は「ママやお父ちゃんのせいで普通の中学生活を送れず、自分の体は汚れてしまった。ママのことは、実の親とはいえ絶対に許せない。もう一緒に住みたくない」という、娘の供述調書を読みあげるなどして、被告人に犯行の動機や背景について問いただしつづけます。「娘さんのことを、ただの収入源としか見ていなかったんじゃないですか?」と、厳しい言葉も浴びせました。

しかし、自らの過ちに対する反省や、娘に対する謝罪の言葉などは、母親からいっさい出てきません。悪びれた様子もありません。

▒裁判官らしくない言葉づかいで一喝

弁護人と検察官が質問を終えた後、一転して声を荒らげて、怒鳴るような口調で壇上から尋ねたのは、担当の杉村鎮右《しずお》裁判官でした。

「愛人をつくっていた夫に、愛を感じるのですか?」

「感じません」

「愛を感じない相手と、どうやってやり直すのですか?」

「…………」

「彼女がどんな気持ちでいたと思っているんですか。あなたのそんな言葉を聞いて、彼女は新しい一歩を踏みだせると思いますか？」

普段は冷静な杉村裁判官が、被告人の娘を「彼女」と称しながら、大声を張りあげて、被告人を問い詰めていきます。きっと、弁護人や検察官の質問を見ながら「淡々とした口調で諭《さと》しても、この被告人の心には響かない」と判断したのでしょう。

「彼女にできることがあるでしょう。あんたたちが遊びにいっている間、売春させられ、弟の面倒も見ていたんだよ。弟のことを思って、彼女は公的機関に助けを求められなかったし、逃げられなかった。俺を彼女だと思って、話をできないのかよ？　すごい酷《ひど》いことをしたんだろ！」

「彼女の気持ちより、自分たちの今後のことしか考えてないんなら、見通しが甘すぎるよ！」

熱のこもった説教の中には、他の裁判官が法廷で使わないような、カジュアルな表現もふくまれています。

そうした杉村裁判官の踏み込んだ一喝《いっかつ》に、母親は涙を流し始めました。声を震わせ、詰まらせながら「すみません……。もっともっと努力して、母親になります。本当にすみませんでした」と、のどの奥から搾《しぼ》りだすように答えるのが精一杯だったようです。
のちの判決公判で、杉村裁判官は懲役3年6か月と罰金10万円を両方科す、実刑判決を言い渡しました。そして、被告人をまっすぐに見据えながら、異例の長さの説諭《せつゆ》をおこないました。

「家族とは、この世に生まれてきた人間が最初に接する小さな社会です。そして、その後の社会とのかかわり方を決める決定的な場だと思います。あなたから仕打ちを受けた彼女にとって、この社会が生きるに値するものと信じられるのかどうか、裁判所としては危惧《きぐ》を抱いています」

「彼女が社会とのきずなを紡《つむ》ぎ直すためには、『社会はこういうことを許さない』という強いメッセージを彼女に送る必要があります。ですから、あなたの刑に執行猶予はつけませんでした。刑務所へいってもらいます。あなたの考え方のゆがみ、あなたがやったことの酷《むご》さを、あなた自身にも身に沁《し》みてわかってもらうことが必要と考えました」

「親権を奪われたって、あなたは彼女の世界で、たったひとりの母ちゃんなんだよ。あなた自身が、彼女のことを信じている、心の中で思っている、それだけでしか彼女を癒《い》やせないものがあると、僕は思う」

「服役している間は、彼女に何ができるのか、それをよく考える時間にしてください。たとえ会えなくても、恨まれても、あなたが彼女を思いつづけるだけで、彼女にとって大きな力になると思います」

被告人は、法廷の中央で直立したまま、杉村裁判官の言葉に聞き入っていました。杉村裁判官が被告人の娘を「彼女」と呼びつづけた背景には、ハッキリとした意図があったはずです。都合のいい金づるとして娘を利用してきた被告人に対し、その娘にも尊重すべき独立した人格があることに、改めて気づかせようとしたのでしょう。

この母親に限らず、自分がさせられた嫌なことだから、つぎの代にも同じことをさせようとするタイプの人は、会社・部活動・PTA・同好会などの組織やコミュニティにたくさんいます。そうしなければ「自分だけが損をする」と考えてしまうのでしょう。

しかし、いまよりもっと明るい将来の社会をつくるためには、自分自身が損をかぶってでも、「負の連鎖」を断ちきる勇気をもたなければなりません。杉村裁判官の厳しい叱責と、その後の人情にあふれる説諭は、きっとこの家族がかかえてきた後ろ暗い「負の連鎖」を断ち切るきっかけとなったはずです。

13

「あなたを待っていて
くれる人がいます。
これから
やり直してください。」

贅沢三昧《ぜいたくざんまい》の毎日。そのメッキがついに剝《は》がれ落ちる
突然の逮捕劇。すべてを失ったように思えた
被告人に、裁判官が気づかせた唯一の希望とは?
[2015年5月12日 福岡地方裁判所小倉支部]

■異様に羽振りのいい勤め人

その男は、急に自宅を購入しました。土地と建物を合わせて、約8000万円。北九州市内で8000万円も出せば、相当な規模の豪邸を建てられます。約1000万円もする大きなグランドピアノを部屋に入れ、400万円相当のバイオリンも調達しました。新車も買いました。

「株で儲かったんだ」

妻にはそう説明し、外では高級クラブで豪遊したり、会社の女性の同僚にジュエリーをプレゼントしたりと、羽振りのいい暮らしをつづけていました。

ある日、その豪邸に逮捕状をもった警察官がやってきて、家主が連行されました。会社のお金を着服し、自分のものにした業務上横領の容疑がかかったのです。「株で儲かった」のが夫の嘘だとわかり、妻は動揺を隠せません。

会社のお金を横領した過去の余罪があまりにも多く、その全容を調べあげる警察の捜査は長引きました。証拠によって裏づけられるだけでも、3年以上にわたって84回、会社の銀行口座から合計1億3000万円あまりを着服したことが判明したのです。

「20年前からやっていました。たぶん5億円ぐらいあると思います」

警察の取調べに対して、男は衝撃的な額の余罪を自白しました。会社に入って以来、総務や経理畑でキャリアを重ねてきた男には、経理業務をひとりで担当していた時期がありました。そのタイミングで、会社の預金残高証明書を偽造し、会計帳簿を改ざんすることで、お金の動きを攪乱《かくらん》させていました。大胆な手口で、まるで自分の口座から預金を下ろすかのように、会社資産の横領をつづけてきたわけです。

■会社にも落ち度があったのだろうが……

まともな経理責任者は、仕事中に会社のお金を計算していても、その数字からリアルな札束を思い浮かべることはないでしょう。しかし、その男は違いました。会社の数百万円、数千万円で豪遊してみたいとまで想像し、実行に移したのでした。

たとえわずかでも、こういう人間がいるからこそ、入社時には家族や親戚などに頭を下げて、身元保証人の契約を会社と結ぶよう頼まざるをえないのです。

身元保証書は、従業員が会社に経済的な損害を与えた場合に、連帯保証することを誓う重大な書面です。とはいえ、ほとんどの新入社員にとって、ここまで物騒な契約は本来、必要ありません。

この事件の男は、誰もチェックしない会社の帳簿を操作し、自分のもっている力に溺れてしまった例のひとつといえるでしょう。男が勤めていた会社の使途不明金が、20年間で約5億円にまで膨らんでいたのは確かで、男が自白している横領の総額とも一致します。

単純計算で、年間平均2500万円が消えてなくなっていても、20年間気づかなかった会社にも落ち度がありました。きっと「まさか、うちの社員に限って横領なんて……」と、会社が無難に動いていることを素朴に信じていたのでしょうか。

たとえ一時的とはいえ、経理業務を社員ひとりに任せた会社にも責任はあります。外部の専門家に依頼してでも、客観的な視点で会社財産の動きを点検すべきでした。とはいえ、会社の責任より、男の犯した罪の刑事責任のほうがはるかに重いのです。

■「家族は私しかいません」

男は豪華な自宅やピアノ、バイオリン、車などを売却して、会社への弁償に充《あ》てようとしました。しかし、売却金をすべてかき集めても、3000万円あまりにしかなりませんでした。

「いまさら後悔しても遅いですが、いい格好をしようとせず、身《み》の丈《たけ》に合った生活をしていれば、こんなことにはならなかったと思います。たいへん申しわけありませんが、会社に全額返済するのは難しいです。これから服役して償《つぐな》うしかありません……」

そう反省の弁を述べて、男はうなだれます。

妻は、法廷に現れませんでした。逮捕をきっかけに離婚したのだそうです。

裁判を取材しつづけていると、同じような罪を犯していても、家族が守ってくれる被告人と、家族に見放されてしまう被告人がいる現実に気づかされます。

裁かれようとしている被告人のために、家族が情状証人として出廷し、これからの生活を監督し、更生を支えていく誓いを立てる場合があります。法廷に出てこられない場合でも「刑を軽くしてほしい」と訴える嘆願書を書き、弁護人が証拠として裁判官に提出することもあります。

ひとつの罪を通じて、家族の結束を感じられるのも皮肉な成り行きですが、それを感じるチャンスがあるだけ、幸せなことでしょう。

この業務上横領事件の裁判で、男の別れた妻の代わりに情状証人として法廷に現れたのは、80歳を超えた母親でした。自身の葬儀をあげる費用にと貯金していた200万円を、息子が勤めていた会社にすべて差しだしたといいます。

「息子は離婚して、子どももいないので、いま、家族は私しかいません。命あるかぎり、息子を待ちます」

かぼそい声ながらも母親は、ハッキリとそう答え、裁判官に深々と頭を下げました。

判決公判の日、柴田寿宏裁判官は、男に懲役6年の実刑を言い渡しました。

「会社に巨額の損失を与えながら、自分の利益や遊びのためにのみ横領金を使い果たし、その動機に酌量の余地はなく、責任は重い」

と、厳格に指摘しました。

そして、判決理由の読みあげを終えると、傍聴席に座っている男の母親を意識しながら、柴田裁判官はこう述べました。

「あなたを待っていてくれる人がいます。よく反省して、これからやり直してください」

自業自得とはいえ、犯罪をきっかけに想像以上にたくさんのものを失い、絶望している被告人に対して、「まだ希望は残されている」と気づかせるのも、裁判官の大切な役割だと信じます。その役割を果たせる裁判官こそ、判決のあとのことまで責任をもって考え、平和な世の中の維持につくせる存在なのです。

14

「あなたには、人一倍努力できる才能が備わっているはずです。」

盗まずにはいられない……。心を蝕む「クレプトマニア」に襲われた一流アスリートにたいして裁判官が贈った「敬意」の言葉とは？
［2018年12月3日 前橋地方裁判所太田支部］

■万引犯の財布には30万円が……

10年以上前のこと、四国のとある裁判を取材する合間に、私は別の窃盗裁判を傍聴していました。

中年の主婦が、スーパーマーケットで食料品を万引きしたという、裁判所の中ではありふれた事件だったのですが、驚いたのは「犯行当時、被告人は現金30万円を入れた財布を所持していた」という事実です。

この主婦が犯行におよんだ背景を、私はまったく理解できませんでした。なぜなら当時、「クレプトマニア」の存在を知らなかったからです。

クレプトマニア（cleptomania）とは、経済的理由ではない衝動《しょうどう》によって、他人のものを盗みたくなる精神的症状をいい、日本語では「窃盗症《せっとうしょう》」と訳されています。

精神疾患の国際診断基準である「ＤＳＭ－５」によれば、人が一生の間にクレプトマニアにかかる確率は「０・３～０・６％」とされています。およそ１５０人から３００人に１人の割合ですから、思いのほか高い確率で、あなたの身近にクレプトマニア状態の人がいるとしても不思議はありません。

陸上競技の日本代表にも選ばれたことのある女性アスリートは、２度にわたって万引きでの逮捕報道がありましたが、過去には罰金刑が科されるなど計5回の前科・前歴がありました。このように万引きが繰り返されたのも、クレプトマニアの症状によるものとされます。

クレプトマニアの状態にある人も、他の人々と同様に「盗むことが悪い」と理解しています。それなのに、盗まずにはいられない精神状態に追い込まれてしまうのです。まさに、依存症状そのものです。

■処罰よりも治療を

競技者として一線級の活躍をしていた彼女は、厳しい体重制限をともなう長年のトレーニングを経て、摂食障害《せっしょくしょうがい》を患いました。そうして、他のクレプトマニア患者と同じように「いずれ吐き出してしまうものを買うのはもったいない」という気持ちに襲われてしまったようです。

彼女は前の万引き事件での執行猶予期間中に、またしても万引きをしてしまいました。

クレプトマニアにかかった人は、何でもかんでも万引きするわけではなく、食料品を集中的に盗む傾向があります。とくに、厳しいダイエットをしたことがあり、食べ物がのどを通らなくなる摂食障害が、クレプトマニアと密接につながっていることも判明しつつあります。

摂食障害は「お腹が空いているのに、食べられない」という、あまりにもつらい症状です。そのままでは生命を維持できないほど、危機的な状況に陥ります。

食事をするたびに吐き出してしまう。そのような症状が続けば、「どうせ吐き出してしまう食べ物に、お金を払いたくない」という自分勝手な考えが、心を占めてしまうのでしょう。

ひどいことを考えるものだ……とあきれる方がいるかもしれません。ただ、クレプトマニアを、自分自身の行動を適切にコントロールできなくなる「窃盗症」や「万引き依存症」などとして捉え直せば、処罰して反省を促すより、一種の「患者」として位置づけて治療を優先させるほうが合理的だと気づきます。

■アスリートの被告人を尊敬するひと言

いままで、私はクレプトマニアの窃盗裁判を何件も取材しましたが、そのほとんどが20代から30代の女性で、スーパーやコンビニで食料品を万引きしているという共通点もみられます。

そして、摂食障害にまでは至らなくても、つらいダイエットと、その反動のリバウンドを繰り返している例が多いのです。

ダイエットは、大半の女性に経験がある日常的な活動です。ただし、その裏には窃盗を繰り返して犯罪者に転落しかねないリスクが潜んでいるという事実は、ほとんど知られていません。

また、過酷なダイエットで自分を追い込んで、その結果、摂食障害にまで至る根本原因には、体型や容姿について他人から心ない侮辱《ぶじょく》を浴びせられた経験があるようです。

その者を見返そうとして、身体のプロポーションに過度にこだわってしまい、極端に食事を抜き、その結果、食事を受けつけなくなる皮肉な末路へつながってしまうのです。

摂食障害やクレプトマニアの女性たちは、「スリムな身体」「素敵なスタイル」という美しさへの憧れに囚《とら》われてしまった、社会的な被害者といえるかもしれません。


激しい減量の末にクレプトマニアにかかり、万引きを繰り返した女性アスリートに関する今回の裁判を担当した奥山雅哉裁判官は、

「もう一度、社会内で更生するチャンスを与えるのが相当」

として、特別にふたたび執行猶予をつける温情のこもった判決を言い渡しました。

その後、奥山裁判官はこうつけくわえます。

「あなたとはレベルが違いますが、私も市民ランナーとして大会に参加することがあります。世界と戦った経験のあるあなたには、人一倍努力できる才能が備わっているはずです。これから違う領域でも、あなたと同じような症状に苦しむ患者を勇気づける存在として、努力をつづけてください」

その言葉を受けて「ありがとうございました」と裁判官に一礼した彼女は、閉廷後、ただちに釈放されました。

自分の意思に反して、万引きの常習犯になってしまう自分を責めつづけた結果、過去の栄光は影をひそめ、完全に自信を失っていたでしょう。再起不能になりそうなほどボロボロになった彼女の誇りは、奥山裁判官のまっすぐなメッセージによって、きっと息を吹き返したはずです。

15

「帰りの電車の中で、お父さんと話してごらんなさいよ。」

元ジャニーズJr.の一般男性を「追っかけすぎた」ひとりの女性。「彼の顔を見ていると癒やされる」と供述した被告人に、裁判官はどう接したか？
[2006年4月18日 東京地方裁判所]

▒待ち伏せをやめない女性

あるマンションの敷地内に、用もないのに長時間にわたって立ち入っていたとして、40代の女性が、建造物侵入の現行犯で逮捕されました。

みなさんの中にも、たとえば歩き疲れて、あるいは大雨がやむまで、道端の目についたビルの敷地や中へ入って一時的に休んだ経験がある人は多いでしょう。その行為も、厳密にはビルへの侵入罪に問われます。実際には、ビルのオーナーが「その程度ならいいよ」と、見逃してくれているにすぎないのです。

しかし、その女性の行為には、目にあまるものがありました。立ち入っていた現場のマンションには、ジャニーズJr.を引退して一般企業に勤務している20代の男性が住んでおり、女性は、その「現役」時代から彼を追っかけてきたファンのひとりでした。

男性が引退したあと、ファン仲間から男性の住所を聞きだし、追っかけがさらにエスカレートしていきました。

男性が会社への通勤に使っている電車の同じ車両に乗りこみ、遠巻きに見つめつづけたり、何通もの手紙を自宅へ送りつづけたり、やがて、男性の居住マンションの近くへ引っ越してまで、仕事から帰ってくるのを毎日のように待ち伏せたりしていました。

男性は警察に被害届を出しましたが、それでも待ち伏せは止まりません。事態は、東京都の公安委員会がストーカー規制法に基づく禁止命令を発するレベルにまでこじれたのです。ただ、女性はなおも意地を張り、禁止命令に違反して待ち伏せを継続したため、ついに逮捕されるにいたったのでした。

警察の取調べによれば、女性はその犯行動機について「彼の顔を見ていると癒《い》やされた」「元気をもらいたかった」などと説明していたようです。

■東京の裁判所までやってきた父親

被告人として裁かれることになった女性は、気まずそうに肩をすぼめて、傍聴人たちとけっして目線が合わないような姿勢で座りながら、開廷を待っています。

検察官が冒頭陳述で、男性に対して何年間もつづけてきた被告人による執拗《しつよう》なストーカー行為の実態について、朗々《ろうろう》と主張していきます。

弁護人からは、被告人に有利な事情を法廷で話す情状証人の取調べが、裁判官に請求されました。娘の更生を誓うため、彼女の実家がある名古屋から駆けつけた父親が、証言台に立ったのです。

「親として、本当に情けないかぎりです」

「自分が厳しく育てすぎて、そのことが娘に負担をかけてしまったのかもしれません」

と述べた父親は、やがて声を詰まらせ、嗚咽《おえつ》をもらしながら「情けない、情けない」と繰り返すばかり。

担当の村上博信裁判官が「お父さん、落ち着いてくださいね」と優しく声をかけると、「私は娘を実家に連れて帰ります。そして、毎日の生活を見守り、監督します。それがせめてもの償いだと思っています」と、覚悟をきめた様子で答えていました。

たったいま、「厳しくしつけたのが、娘の負担になっていた」と、自身の子育てを振り返っていたばかりです。どうかこれからは、娘さんの負担にならない程度に生活を監督してほしいものだと、心の中で願っているうちに、情状証人への尋問は終わり、被告人質問の手続きに移りました。

■被告人の歪んだ考えを尊重しながら説得

法廷での話によると、女性はかつて結婚していたそうです。しかし、病気を患《わずら》って子どもが産めない体になってしまい、そこから夫との関係もギクシャクし、やがて離婚が成立。しかも、勤めていた会社のリストラにあってしまったそうです。

ジャニーズJr.に夢中になることで、日常を忘れ、将来に対する不安を拭《ぬぐ》い去りたかったのでしょうか。さらに、行き場を失った母性の情熱が、一直線に被害男性へと注ぎこまれていった……。そのような事情があるのかもしれません。

被告人質問も終盤に差しかかり、村上裁判官が女性に問いかけます。

「彼がイケメンで……、彼がイケメンタレントかどうか、私は知らないけれども、それよりも、彼が芸能活動をひたむきに頑張っていた姿を見て、そこから感情が入っていったわけですか」

被告人は、黙ってうなずきました。


「でもね、中学生ぐらいならまだしも、あなたの年齢だと、生きている世界が違う彼のような人間とは、一般の接し方として、やっぱり一線を引くことができると思うんですよ。なのに、ここまでするとは尋常《じんじょう》じゃないよね？」

検察官から提出された証拠書類を指さしながら、村上裁判官がそう問いかけると、いったん間を置き、法廷に沈黙が張り詰めます。

「最初は、憧れから入ったのかもしれないけどね。そこからだんだん、感情の質が変わっていることに、あなた自身が気づいていないんだよ」

「だけど、彼のことを見ていたかった」「彼に会えると嬉しくなった」と供述する被告人

に対して、村上裁判官は「ワガママ、だだっこだよね」と一刀両断。つづけて、

「それもあなたの個性だけど、そういう自分の感情が優先して、爆発させてしまうってところを、直せとは言わないけど、せめて自分で気づいてほしいよね。社会人の先輩としては、そう思うけどね」

そう言い聞かせると、村上裁判官は被告人質問の終了を宣言し、検察官の論告求刑と弁護人の最終弁論の手続きも、つつがなく終わらせました。

「ちょっと待っていてくださいね。これから判決を出します。せっかくお父さんが東京まできてくれてるんだから、あなたは今日じゅうに名古屋に帰ってもらいます。いいですか」

この発言の時点ですでに、判決で執行猶予をつけることをほのめかしています。

しばらく休廷し、数分後に法廷へもどってきた村上裁判官は、被告人に懲役1年の刑を言い渡し、3年間の執行猶予をつけました。

右手の人さし指を立てながら、

「帰りの電車の中で、お父さんと一緒に話してごらんなさいよ」

と、被告人に言い聞かせる村上裁判官の表情は、とてもキュートでした。被告人は心を入れ替えて、村上博信ファンになるべきかもしれません。

16

「個人的な心情としては、
あなたを気の毒だと
思わないわけではない…。
しっかりやりなさい。」

職場で運命の出会いをして、
やがて同棲生活を始めた男と女。
ただ、男性にはどうしても結婚できない事情があった。
若い頃の安易な判断ミスに、20年以上も
振りまわされた男性を、裁判長はどう裁いたか？
［1993年10月28日 大阪地方裁判所］

■運命の出会い、そして別れ

パチンコ店の同僚として知り合ったふたり。妙に価値観が合い、出会った初日から会話がはずみ、お互いに笑顔があふれました。男も、女も、運命のようなものを感じたのかもしれません。間もなく、大阪府内の小さなアパートでふたりが同棲を始めたのは、ごく自然な流れでした。

やがて、一緒にパチンコ店に退社届を出したふたり。運命の出会いを機に一念発起して、別の街へ引っ越し、職場も替えることにしたのです。

新しい会社で、男は溶接工として働きました。若い頃に鉄工所で勤務したことがあったので、経験者としての採用です。溶接技能者は専門職でもあるため、特別手当もつき、なかなかの給料になりました。

「ひょっとすると、結婚を考えてくれているのかもしれない」

女は、そう直感しました。

しかし、男はいっこうに、プロポーズを切りだそうとしません。

「いまのままで、なんであかんねん」

そう開きなおる男に、理由を問い詰める女。

「結婚してもせんでも、こうやって暮らせるんは一緒やろ」

男には、どうしても結婚できない理由がありました。しかし、それを意地でも女に明かそうとしません。何度もいなし、ごまかし、あしらいつづけました。

とうとう愛想をつかし、別れを告げた女は、荷物をまとめて家を出ていきました。部屋には、ぽっかりと大きな空間が現れ、それが男の寂しさを象徴しているかのようでした。その日の夜から、男は大量の酒をあおり始めます。

すべては、自分が蒔《ま》いた種でした。ただ、惚《ほ》れた女に嘘をつきつづけ、籍すら入れられない自分を、男としてひどく情けなく思えてきたのです。毎晩のように自分を責めつづけ、心は罪悪感にむしばまれていました。

男は、また職を替えて再出発しようと行動を始めました。しかし、身分証明書すら持っていない自分を雇ってくれる会社は、なかなか見つかりません。昭和から平成へ移り、身分証なしでも働かせてくれる勤務先も珍しくなかった大らかな時代は、終わりを迎えようとしていました。

あまりにも不自由な生活に耐えられなくなった男は、近所の警察署に出頭します。警察官にすべての事情を話すと、そのまま逮捕されました。

男は20代の頃に犯したふたつの過ちによって、人生の選択肢を大幅に狭めてしまい、自分で自分を追い詰めたのです。過ちのひとつは、知人女性に刃物で斬りつけて大ケガを負わせ、検挙されたこと。もうひとつの過ちは、その罪を裁く判決が怖くなって、逃げ出したことです。

■偽名を使い捜査の手から逃れつづける

22年前、傷害などの罪に問われた男は、法廷で「俺はやってへん」と、容疑を否認しつづけました。被告人質問で、検察官や裁判官にどれだけ問い詰められても「やってへん」の一点張りでした。

その後、裁判所や検察官、弁護人のスケジュールが合わず、つぎの論告弁論の期日がなかなか決まらなかった事情もあり、いったん、裁判所によって男の保釈が認められました。留置場から外へ出た直後に、男は行方《ゆくえ》をくらましたのです。

逃亡によって、男が裁判所に納めていた保釈保証金は没取されます。それでも有罪判決を受けたくない一心で、「逃げられるだけ逃げつづける」禁断の選択をしたのです。

先行きの見えない逃亡生活で、まずは住まいと仕事を確保しなければなりません。男は偽名を使って運送会社に入り、配達員として勤めました。ただ、運転免許証の更新時期が近づいていたため、それほど長い間、運送会社に勤めることができないと考えた男は、免許証のいらない鉄工所に転職します。そこで、溶接の技術をおぼえました。

そのつぎに転職したパチンコ店で女と出会い、同棲を始めたのです。

男は別れの日まで、女に偽名を使いつづけていました。本名を明かせないので、入籍もできませんでした。クレジットカードすら作れない身分なので「現金主義」を気取っていました。22年間の逃亡生活で、男は出会った人々すべてに嘘をつきつづけてきました。しかし、ついにギブアップし、自ら警察署に出頭したのです。

なお、男は起訴され、裁判にかけられたあとに逃走したので、何年逃げまわっても時効は成立しません。

逃げまわった末に22年越しの実刑判決

22年ぶりに再開された裁判で、男は一転して、過去の容疑をすべて認めました。そして「どこへいっても、落ち着いた生活ができませんでした」と、担当の七沢章裁判長の前で、素直な気持ちを吐き出したのです。「あのとき、逃げるんじゃなかった」と、心の底から後悔しています。

判決公判の日、七沢裁判長は男に対して、懲役3年の実刑判決を言い渡しました。22年前、もしも逃げずに判決を受けていれば、3年後には罪を償って、ゼロからやり直せたはずでした。なのに、自分の罪から目をそらし、逃げつづけたあげく、ここまで問題を引き延ばしてしまったのです。逃亡生活は結局、男が直面している問題をなにも解決しませんでした。

「被告人は逃亡中、偽名を名乗り続けて不便を強いられる生活に懲《こ》りて、事実上の社会的な制裁を受けたともいえる。しかし、だからといって逃亡生活を、減刑のために有利な事情として考慮に入れることは、いっさいできない。〝逃げ得〟となる結果は許されない」

と、実刑判決の理由を淡々と読みあげていった七沢裁判長。そして、おもむろに顔を上げ、男のほうを見つめて語りかけました。

「いまのあなたを見ていると、昔、悪いことをした人とは思えません。逃亡中に、深く反省したのでしょう。個人的な心情としては、あなたを気の毒だと思わないわけではないけれども、やったことのけじめは必要です」

ただ、七沢裁判長は、男が留置場に収容されていた期間が、逃亡の前後で合わせて1年半ほどあったことから、特別に「未決勾留算入」を適用しました。裁判が始まる前に留置場に入っていた期間は、懲役刑をすでに受け終わったものとして扱うと決めたのです。

「実質的には、だいたい懲役1年半の刑としています。しっかりやりなさい」

罪を憎んで人を憎まず……を地でいく説諭をした七沢裁判長は、法律上で許されるギリギリの温情をかけ、閉廷を宣言しました。

17

「私もむかし、パチンコに熱中していたことが…。あなたも、自分の意思でやめるしかないんですよ。」

重罪を犯した被告人の立ち直りを促すため、
自分の身を削り、過去の「黒歴史」を法廷に
さらした裁判官の「カミングアウト」とは？
［2007年3月7日 青森地方裁判所］

■ギャンブル依存者の凶行

パチンコ店で、男は唇を噛《か》みしめながら、目の前の台をジッと睨《にら》みつづけています。何時間も打ちつづけているにもかかわらず、まったく当たりが出ないからです。ただただ、玉が次々と台の奥へ吸い込まれていくばかり。その現実を見届けるしかありません。

せっかく「この店はよく出る」という噂《うわさ》を聞きつけて、わざわざ電車に乗って隣の県からやってきた……にもかかわらず、早くも所持金が底をつきかけていました。

完全に理性を失い、帰りの電車賃までパチンコ玉に替えて、一発逆転を狙おうとしていたそのとき、景気よく大当たりを出し、笑顔で店を出ようとしている女性が目についたのです。

歩いて帰る女性を路上でしばらく尾行し、男は背後から襲いかかりました。財布の入ったバッグをひったくろうとしたのです。女性は暴れて激しく抵抗したため、男もムキになって、バッグの肩ひもを力まかせに引っ張りました。その勢いで転倒した女性に対して、さらに感情を剥《む》きだしにして暴行をくわえ、ケガを負わせてしまいます。

よって、男は窃盗をとおり越して「強盗致傷」という罪に問われました。抵抗する女性に対して一瞬、反撃をくわえたために、最高で無期懲役刑の可能性すらある重罪に切り替わったのです。

■法廷の雰囲気を一変させた裁判官のひと言

男は、パチンコをなかなかやめられないギャンブル依存症の状態でした。かつて、パチンコでつくった借金を家族に肩代わりしてもらっており、そのために、またしてもパチンコでお金が足りなくなったことを、家族に知られたくない状況だったのでしょう。

法廷の審理中には、

「どうしてパチンコをやめられないんですか？」

「もっと計画的に生活できないんですか？」

「なぜ、依存症の治療に専念できなかったんですか？」

などと、男を正論で責め立てる雰囲気ができあがっていました。証言台でうつむき、肩をすぼめながら、男は耳の痛い言葉をやり過ごそうとしています。

パチンコみたいな遊びがやめられずに、精神的にボロボロになるまで身をくずすなんて、まじめに生きてきた検察官や弁護人には、とうてい理解できないのかもしれません。

そこへ、おもむろに口を開いたのは、室橋雅仁裁判官でした。

「私もむかし、裁判官になる前に、パチンコに熱中していたことがありました」

裁判官の思わぬ「告白」に驚いた男は、ふと顔を上げました。室橋裁判官は、なおも告白をつづけます。
「父親に借金までして、それでもパチンコに負けてしまったとき、『おやじが苦労して稼いだお金で、こんなことしていていいのか。自分は何をやっているのか』と思い、それ以来20年、一度もパチンコはしていません」
「あなたも、自分の意思でやめるしかないんですよ」

たしかに、男の卑劣《ひれつ》な犯行に、同情の余地はありません。しかし、男は自分なりに、反省や後悔の念を抱いています。なのに、そこへさらに追い打ちをかけるように、弁護人や検察官につづいて、裁判官まで説教を始めたならば、男は納得して判決を受け入れるでしょうか。

まるで、「勉強しなさい！」と怒鳴りつけたら、「いま、勉強しようと思ってたのに！」と反発してくる子どものようなものです。それでは、かえって勉強のやる気を削《そ》いで、逆効果になるおそれがあります（これを「心理的リアクタンス効果」と呼ぶらしいです）。

ここでもし、「勉強したくない気持ちはわかるよ。お母さんも昔、おばあちゃんに『勉強しろ、勉強しろ』っていわれて、嫌になってたもん」などと、自分の思い出話を語りつつ、「でも、勉強すると面白いこともあるよ。見える世界がひろがるよ」とアドバイスをくわえれば、子どもの心はだいぶ救われるのではないでしょうか。

室橋裁判官の試みは、それに近いと感じます。

パチンコひったくり犯には最終的に、懲役5年6か月の実刑判決が言い渡されました。

■いじめられた思い出もカミングアウト

しばしば、語尾に「ね」をつけながら、ゆったりとした優しい口調で進められる室橋裁判官の法廷は、犯罪者を裁《さば》く刑事裁判のイメージをいい意味で裏切ってくれます。

ほかにも印象的な裁きがありました。やはり青森県内で起きた事件。40代の男性自衛官が、路上で通り魔的に、女性に向けて下半身を露出したとして、公然わいせつの罪で起訴されました。

その審理《しんり》を担当した室橋裁判官に対し、男性は犯行動機について「自衛隊の中で、人間関係に悩んでいて、ストレスが溜《た》まっていた」と説明しました。

ここで室橋裁判官は、中学生時代にいじめに遭《あ》っていて、誰も口をきいてくれず、シカトされつづけたという、孤独でつらかった思い出をカミングアウトしたのです。

「それでも我慢して、私は少しでも他人の役に立てる人間になろうと頑張ってきました。

あなたもつらいとは思います。それでも、自分を律《りつ》してやり直してください」

それを聞いた自衛官は、感動のあまりに嗚咽《おえつ》し、涙声まじりで将来の更生を誓いました。祖国を守るため自衛隊に入った、その頃の大志や使命感を改めて思い出したのかもしれません。

室橋裁判官は、中央省庁の官僚として勤めていた頃、司法試験に合格し、そこから裁判官に転身したといわれる異色の経歴の持ち主です。司法試験合格者の中でも選び抜かれた超エリートの人材ですが、この立場が、刑事法廷ではむしろ不利にはたらくと、室橋裁判官は直感的に気づいているのではないでしょうか。

被告人と裁判官が最初から「違う世界に住む者」同士として向き合ってしまうと、被告人が警戒し、コミュニケーションを遮断されかねません。

室橋裁判官が、あえて恥ずかしい思い出や黒歴史を公開の法廷でさらけ出し、被告人の本音を引き出そうとするのは、「判決を出しただけでは、事件は何も解決しない」「目の前の被告人を立ち直らせるきっかけをつくりたい」と、覚悟しているからでしょう。

18

「昨日の晩、雪が降っていましたけど、石焼きいも屋のおじさんが屋台を引いてました…」

東京で30年以上にわたって
暗躍してきた伝説のスリ師。
「もう、スリはやめる」と法廷で誓う彼にたいして、
裁判官はどのように向き合ったか？
［2010年3月10日 東京地方裁判所］

■スリからの予告電話

窃盗犯を専門に取り締まる警視庁捜査三課に、仕事納めが迫る年末の朝、1本の電話がかかってきました。

「だんなさん方、俺は足を洗ったよ。今日は大井競馬場にいくけど、やらないよ」

捜査三課の警察官らは、長年の経験と勘から、ベテランの窃盗犯が挑発をしてきている可能性が高いと踏みました。

この日は、午後4時30分から、地方競馬のG1レースである「東京大賞典」競走が、大井競馬場（東京都品川区）で開催されることになっていました。レース開始まで、まだ6時間以上あります。

そこで、大井競馬場だけでなく、都内の競馬場や場外馬券売り場（WINS）にも、多数の捜査員を配置し、厳戒警備を進めたのです。

すると午後4時前、東京ドームに隣接する「WINS後楽園」（文京区）の敷地内で、動きがありました。競馬場や場外馬券売り場など、ギャンブル場にばかり出没するスリ師として、長年にわたって三課でマークを続けてきた男の姿が発見されたのです。その名は、通称「ギャンのアブさん」。馬券売り場を出入りする通行人の様子を、アブさんは遠まきにジッと見つめています。

まもなくして、パドックをまわる出走馬を映しだすモニターへ熱い視線を送っている男性に狙いをつけ、アブさんがゆっくりと近づきます。そして、男性が首からぶら下げている小さなバッグを物色し始めました。このように、競馬に夢中でまわりが見えなくなっている人々があまりにも多いことから、アブさんは競馬場や場外馬券売り場を「主戦場」にしてきたのでしょう。

アブさんは、四つ折りにしたスポーツ紙でさりげなく手元を隠し、素知らぬ顔でバッグのファスナーをこっそりと開けました。

この時点で、すでに窃盗未遂罪が成立していますが、尾行中の捜査官らはスリの決定的証拠をつかもうと、あえてそのまま見守ります。

そしてつぎの瞬間、アブさんがバッグの中から財布を抜き取ったのを確認するやいなや、捜査官がいっせいに駆け寄り、取り押さえました。彼が磨きあげてきた「熟練の技術」が、警視庁の厳重な警戒態勢に敗北したのです。

■審理を担当したのは、あの裁判官

私はちょうど同じ時期に、巣鴨《すがも》を中心に暗躍していた、前科20犯のスリ師（当時80歳）の裁判を傍聴していました。この「ギャンのアブさん」も同様に、刑務所を出たり入ったりを繰り返す半生を過ごしてきたわけで、ふたつの裁判を重ねて見ていました。

都会には、このように警察から厳重にマークされている窃盗の常習犯が、何人もいます。時代の皮肉か、彼らの高齢化も進んでいます。若くてよからぬことを企む連中は、スリではなく、ネット犯罪や振り込め詐欺などに走っているのかもしれません。

アブさんは、警察の取調べに答えて「今回は、だんなさんにきれいに現場を踏まれてしまった。完全に俺の負けです」などと、独特の表現で「降参」の意思を示したそうです。

この裁判を担当したのは、室橋雅仁裁判官でした。

「私もむかし、パチンコに夢中になっていたことがあります」などの思いきったカミングアウトで、被告人の心を動かし、更生を促すことに長《た》けた人です。

アブさんは法廷でも「もう、降参でいいです。これで本当に、盗みから足を洗います。もう、いい歳ですし、まっとうな人生を送ろうと思います」と供述していました。そのように将来の更生を誓うアブさんの話を、法廷に居合わせた誰もが信じられなかったでしょう。

室橋裁判官も、今回が最後の犯行で、本当に二度とスリをしないのか、何度も確認しています。無理もありません。警察に電話をかけて「もう足を洗った」「やらないよ」といっておきながら、実際には場外馬券売り場で他人の財布をスッたのですから。

ただ、ひょっとすると警察に対する挑発のあと、自分のスリが失敗に終わったら、それをいいきっかけとして、本当に足を洗うつもりだったのかもしれませんね。

■昨晩あった実話で被告人を励ました裁判官

室橋裁判官は判決当日、アブさんに対して、即刑務所いきの実刑判決を言い渡しました。過去の前科が多すぎるので、執行猶予などとてもつけられません。

しかし、それまでの法廷での言動からは「もう、これで最後にする」というアブさんの固い決意も見え隠れしています。そこで、歳をとったアブさんの身を気づかった室橋裁判官は、判決の言い渡し後に、つぎのような説諭を贈りました。

「これから、あなたは刑務所にいくことになりますけれども、まずは、あなた自身の身体をいたわってください。前に刑務所を出たとき、娘さんが迎えにきてくれたことも忘れずにいてくださいね。私の父親も、あなたと同様にもうすぐ還暦を迎えますが、この世に生まれた証《あかし》を残したいと、何かいろいろと新しいことに挑戦しているみたいです」

さらに室橋裁判官は、つい最近の体験談を語り始めました。

「昨日の晩、雪が降っていましたけど、街を歩いていて、石焼きいも屋のおじさんが屋台を引いているのを見かけました。やはり、あなたと同じぐらいの年代の方でしたね」

「そのおじさんは、『客はあんまりこないけどさあ、一生懸命さ、毎週ここにきてるんだ』といっていましたよ。私は、そこで焼きいもを2本、買いました。正直、1本はサービスしてくれたんですけどね。そういうふうに、他人との対話でしっかり向き合いながら、地道に生計を立てている人の存在も忘れないでくださいね」

ざっくりとした道徳や常識を大上段から振りかざさず、やけに細かく具体的なエピソードを語り、被告人と情景を共有しようとするのが、室橋裁判官の個性です。「あなたと同じような境遇の人も、たいへんな状況のなか、まじめに頑張っている」というストーリーを聞かせて、被告人の心の深い部分へ訴えかけようとしているのです。

それ以降、「ギャンのアブさん」に関するニュース報道は見かけません。きっと、まっとうな老後を送っているのでしょう。

19

「人生」という言葉を贈ってくれた人の気持ちに応えられているか…

俳優としても成功した有名ミュージシャンの
大きなつまずき。判決のあと、裁判官が「証拠物件」を
示しながら始めた、異例の問いかけとは？
[2019年6月18日 東京地方裁判所]

■繰り返し手が出る「セレブの薬物」

俳優やタレントとしても第一線で活躍していた、テクノ音楽ユニット「電気グルーヴ」のパフォーマーのピエール瀧さんが、2019年3月、麻薬及び向精神薬取締法違反の疑いで逮捕されました。このニュースは日本全国、そして世界じゅうにいる電気グルーヴファンたちに衝撃を与えました。

彼が20代の頃から日常的に使っていたとされるのが、違法薬物であるコカインです。麻薬及び向精神薬取締法により、コカインの所持や使用には、最高で懲役7年が科されることになっています。

コカインは、脳内で幸福な感情を強制的につくりだし、自信ややる気が湧《わ》いてくる作用があります。ただ、その効き目は短く、およそ1時間後には切れてしまいます。1日に何度も使わなければ我慢できなくなるため、コカインなしでは生きられない禁断症状が現れやすいとされます。

短期間に繰り返し買いつづけなければならないため、海外では「セレブの薬物」とも皮肉られます。一般人がコカインにハマってしまうと、借金してまで使いつづける例もあるほどです。しかも、その依存症から脱して、正常な精神状態にもどることは、覚醒剤よりも難しいといわれます。

症状が深刻になると、身体じゅうを小さな虫が這《は》いまわっているような幻覚をおぼえるようになり、皮膚をやたらとかきむしるようになる恐ろしい違法薬物、それがコカインです。

彼は、俳優としての演技力が高く評価されていました。ただ、本来の才能が発揮されていたのか、それともコカインの作用で満ちあふれていた自信が、演技の仕事でも功を奏したのか……あるいはその両方なのか、仮に両方だとして、どれほどの割合でコカインが芸能界での成功に作用したのかは、本人もふくめて誰にもわからないでしょう。

映画やテレビドラマでの彼のレベルの高い演技を見て感動したことがある方は、かえって、コカイン使用による逮捕のニュースに、「裏切られた」との思いを抱いたようです。出演者の中に彼がいたという理由だけで、過去の映像作品の一部が丸ごと公開停止に追い込まれるなど、新たな騒動も生みました。

■成功の裏で拭《ぬぐ》いきれなかった孤独感

被告人は、逮捕後に臨床心理士らから受けている依存症治療プログラムで、「仕事が終わって深夜に帰宅し、ひとりで孤独感を抱えていたこと」「家族に悩みを打ち明けられなかったこと」が、コカインをやめられなくなった主な原因だったと気づいたといいます。

「いまも音楽をつくっていますか?」「仲間と話し合いはしていますか?」と法廷で尋ねたのは、この裁判を担当した小野裕信裁判官でした。

対して被告人は「音楽づくりは相方が主導権を握っていますが、音楽をつくることはこれからもやっていこうと思います。だけど、音楽活動の話し合いをするのはまだ早いですし、相方にも迷惑をかけます。いま、この状況を改善しないといけないと思っています」と殊勝《しゅしょう》に答えたのです。

被告人が「相方」と呼び、小野裁判官が「仲間」と表現したのは、電気グルーヴで作詞作曲を担当する石野卓球さん。被告人とは、デビュー前の高校時代に出会って以来、30年を超えるつき合いです。被告人が今後、犯罪から立ち直れることを証言する情状証人として、法廷に登場するのではないかともみられていましたが、卓球さん自身はSNSで否定するコメントを残し、実際に当日は出廷しませんでした。

■証拠物件を被告人に見せながらの説諭

後日の判決公判で、検察官の求刑どおり、懲役1年6か月の有罪判決を言い渡したうえで、その懲役刑に執行猶予をつけた小野裁判官は、**「有名人だからといって、ことさら刑を重くしたり、手心をくわえたことはありません」**と釘を刺して、こう切りだします。

「ただ、一点だけ引っかかったことがあります」

そう述べて、小野裁判官は1枚の写真を被告人に向けて示しました。

「漢字二文字、『人生』と書いてあります」

その写真は、検察側が提出した証拠物件でした。家宅捜索のとき、被告人の自室に貼ってあった紙を、捜査官が撮影したものとみられます。

「なぜ、この書が部屋に飾られているのか気になっていましたが、あなたのインディーズ時代からの活動で、たびたび作品に出てくる言葉だとわかりました」

「人生（ZIN-SAY!）」とは、高校時代に石野卓球さんが立ちあげた大所帯のインディーズバンドで、被告人もメンバーとしてくわわっていました。毛筆で「人生」と書かれた文字は、当時のインディーズCDジャケットにも使われていたのです。電気グルーヴの原型でもあり、ふたりにとっては青春の思い出です。

小野裁判官は、「人生」という筆文字が撮影された証拠写真を両手で掲《かか》げながら、被告人に質問を投げかけました。

「あなたに3つ問いたいと思います。『人生』をこれからどうしたいのか。『人生』の意味とは何なのか。『人生』という言葉を贈ってくれた人の気持ちに応えているのか、ということです。この文字を書いた人は、ダークサイドではなくて、仲間としての純粋な思いを語り合ったのではないでしょうか」

「関係者に謝罪したり、病院などでのカウンセリングを受けたりする中で、迷ったり悩んだり、孤独になることがあるんじゃないかと思います。そのときは、『人生』の文字を書いた人の気持ちに応えられているかを、胸に手を当てて考えてほしい。それが、あなたがいるべき場所を見失わないうえで、大切なことじゃないでしょうか」

小野裁判官の説諭は、明らかに石野卓球さんの存在を意識していました。法廷で人生を語る裁判官はほかにもいますが、この場合は被告人が自分で部屋に貼っていた「人生」の書の写真を本人へ示しているわけですから、押しつけがましさがありません。さらに小野裁判官はつづけます。

「この先、芸能の仕事に復帰できるのかどうか、復帰できるとしても、何年先かはわかりません。でも、いつか薬物というドーピングがなくても、『芝居がいい』『前よりいいパフォーマンスじゃないか』と、ふたたび世間が注目してくれる日がくることを切に願っています」

石野卓球さんは、この判決に反応して、Twitterで冗談交《ま》じりのつぶやきを残しました。

「人生ってバンド名考えたの俺だかんな。よって、偉いのは俺、裁判官、瀧元死刑囚の順な」

20

「なぜ、君たちの反省の弁が人の心に響かないのか、きっとわかってもらえるはずです。」

ゴールデンウィーク初日に起きた
大都会での無惨なリンチ事件。
判決を言い渡したあと、裁判長が法廷で紹介した
胸にせまる「楽曲」とは？
[2002年2月19日 東京地方裁判所]

■駅ホームで発生した集団暴行

路面で蒸《む》された熱気が立ちのぼる都内の繁華街は、いつにも増して混雑し、浮かれた人混みが縦横にすれ違っています。

大型連休に入って最初の夜、学生時代からの気のおけない仲間と、くだらない話題をつまみに、笑い合いながら過ごす、かけがえのないひととき。居酒屋で終電近くまで飲んでいた男性は、友人に見送られながら渋谷駅で東急線に乗り換え、帰路についていました。

「おい、ちゃんと謝れよ！　おかしいだろ」

走行中の電車内で、男性は大声を張りあげました。その怒号《どごう》が向けられた先は、顔つきに幼さが残る少年ら４人組。

渋谷駅のホームから乗り込むとき、少年のひとりが男性の身体にぶつかったにもかかわらず、悪びれる様子もなく少年らは談笑を続けていたのです。他の乗客はみな、その様子を知らぬふりして、目を伏せています。

自宅の最寄りである三軒茶屋駅のホームに降りた男性は、つぎの瞬間に振り返って車両へ歩み寄り、閉まりかけたドアを両手で押さえて、４人の少年たちにふたたび大声で説教を始めたのです。

男性は曲がったことが大嫌いな性格でした。そのうえ酒に酔っていたこともあり、感情の高ぶりに火がついたのでしょう。

ホーム上の異変を察知した車掌が、危険を感じて電車のドアをふたたび開いたところ、少年らはホームへ駆け降りて、男性を取り囲むといっせいに襲いかかり、殴る蹴るの暴行をくわえたのです。

数日後、被害男性が死亡した事実をテレビのニュース報道で知り、事の重大さに気づいた少年４人は、携帯電話で互いに連絡を取り、警察署への出頭を申し合わせました。

夜遅く、父親に付き添われて近くの警察署を訪れた主犯格の少年は、警官に声をかけます。

「僕がやった……」

「やった？　何をやったのか」

警官からの当然の確認に、表情を曇らせ、答えを詰まらせる息子の様子を見かねた父親が、かわりに説明を始めました。

「三軒茶屋の事件です。息子が、私の監督不行き届きのせいで、本当に大変なことを、申しわけないことをしました。恥ずかしい限りです」

父は、署内の床に手をつかんばかりに、深々と何度も頭を下げました。

■歯切れの悪い加害者の弁

「申しわけないと思っています」

「反省しています」

法廷で、検察官や弁護人から質問を受けるたび、少年たちは、ひたすら謝罪の言葉を繰り返しています。ただ、その言葉には後ろめたい気持ちが感じられず、単調なものでした。

「はい、申しわけありません」

「反省し、これから頑張ります」

傍聴席《ぼうちょうせき》では、犠牲となった男性の遺族が唇を噛《か》みしめ、少年らの歯切れの悪い受け答えを聴いています。


傷害致死事件の加害者として裁かれているはずの少年らの発言や態度からは、まるで自分たちが理不尽《りふじん》な「裁判ざた」に巻き込まれたかのような「被害者意識」がもれ出ています。人ひとりの死という、あまりにも重い現実を前にして、全員があたかも「俺のせいじゃない」といいたげで、少しも受け止めようとしません。

裁判が終わるまで適当にやり過ごそうとしているふうの彼らの本音を、東京地方裁判所の山室惠裁判長は鋭く感じ取っていたのでしょう。

判決言い渡しの日。裁判長は実行犯の少年らに対し、すくなくとも3年間、刑務所で罪を償《つぐな》うべきとの実刑判決を言い渡しました。

酒に酔った男性を執拗《しつよう》に痛めつけ、死に至らしめた集団暴行の態様《たいよう》は、極めて悪質だったと断じながらも、少年らは成長途中の未成年者であり、将来、立ち直る可能性が十分にあると認めたことから、最短で懲役3年という刑を決めたのです。

■「償う」とはどういうことか

山室裁判長は判決文の書面から顔をおもむろに上げ、少年らに尋《たず》ねました。

「唐突《とうとつ》ですが、君たちは、さだまさしの『償《つぐな》い』という唄を聴いたことがあるでしょうか？」

シンガーソングライターのさだまさし氏が1982年に発表した『償い』は、彼の知人から聞いた実際のエピソードをもとにした歌詞が心に響く印象的な楽曲です。

運転中の不注意で、交通死亡事故を起こした「ゆうちゃん」は、遺族に許してもらうまで、給料日になれば真っ先に遺族へ仕送りをする生活を、毎月つづけたといいます。

事故から7年目のある月に、「もうお金は送らなくて結構です」との手紙を遺族から受け取ったのですが、それでも「ゆうちゃん」は、遺族へしばらく仕送りをつづけたのです。

「取り返しのつかない過《あやま》ちを許してもらうため、人は何をすべきなのか」……悲痛な実話が生々しく綴《つづ》られているのが、さだまさし氏の隠れた名曲として知られる『償い』です。

「罪を償うとは、どういうことか。この唄の、せめて歌詞だけでも読めば、なぜ君たちの反省の弁が人の心に響《し》かないのか、きっとわかってもらえるはずです」

山室裁判長はそう締めくくり、閉廷《へいてい》を宣言しました。

並の裁判官なら、「あなたの反省の弁は、心に響いてきませんね」「口先だけに聞こえます」などと、ストレートに説教しそうなところです。しかし、裁判を適当にやり過ごそうとしていた少年らですから、そんな説教もすぐに聞き流されるだけで、無駄に終わりかねません。

山室裁判長は、アーティスト「さだまさし」の歌詞を引用しながら、登場人物の「ゆうちゃん」の行動と比較させることによって、押しつけがましくなく、少年らの反省の薄っぺらさに、自分自身で気づかせようとしたのです。

法律や判例の理論だけでなく、時代の流行や世間智などにも幅ひろく触れている裁判官でなければ、なかなか実践できない説諭でしょう。

21

「同じ境遇で悩んでいる人は、世の中にたくさんいます。」

若い女性ばかりを狙い、マウンテンバイクで
背後から近づいて、夜な夜な「ひったくり」をつづけて
いた若者に、裁判官が言い聞かせた言葉とは?
[2013年4月30日 福岡地方裁判所]

■学費をつくろうと、ひったくりに及ぶ

福岡地方裁判所で、とある窃盗事件を裁く刑事裁判が開かれました。

最初に、被告人の身元を確認する人定質問がおこなわれます。裁判官から職業を尋ねられ、22歳の被告人はこう答えました。

「大学院生でしたが、いまは無職です」

福岡は地方都市の中でも、ひったくりが比較的多く発生する地域です。それでも、地元の国立大である九州大学の理系大学院生がひったくりを繰り返した……とのニュースは、強い非難や驚きをもって世間で受け止められました。

もちろん、事件発覚後、この男は大学院を退学処分となっています。

男は、福岡市内の路上で少なくとも3人の女性の背後から、マウンテンバイクを漕《こ》いで静かに近づき、片手でバッグを奪い、財布の中から合計13万円あまりを盗んだとの疑いがもたれています。

その犯行動機について男は、「大学院に納めなければならない学費がたりなかった。夜遅くまで研究漬けの毎日だったので、アルバイトをする暇《ひま》もなかった」と述べました。

さらに、今後は博士課程に進むつもりなので、これまで以上に学費が高く設定されていることに悩んでいた、とも供述しました。

とはいえ、彼は大学院へ進む前から、大学図書館で3人の利用者から合計6万円近くを盗んだ容疑もかけられています。もし、すでに数々の余罪があるのならば「大学院に進学したら学費がたりなくて……」などと、同情を引ける状況でもありません。

■歪んだエリート意識

盗みの中でも、ひったくりという手口はとくに卑劣《ひれつ》です。被害者のうち80～90%が女性と、極端な偏《かたよ》りがあるからです。そのうち半数以上の女性は、歩行中に狙われています。

男性に比べて力が弱く、バッグの中に財布をしまっている可能性が高く、盗まれても必死で追いかけてこない点などが、女性がターゲットとして狙われている背景とされます。

この元大学院生は、ほぼ同年代である20代の女性を集中的に狙っていたようです。それもOLやアルバイトなど、特別に裕福とはいえない人々も構わずに狙っていました。

そういった犯行の態様からは、男が他人を見下していて、自分の理想のために他人を犠牲にしても構わないという歪《ゆが》んだ意識を感じます。「俺は博士号を取るべき人間だ」という自意識が強いからこそ、それ以外の人々を巻き込んで犠牲にしても、罪悪感が乏しかったのでしょう。

男は、法廷で自分の罪を全面的に認めました。しかし、警察での取調べと同じような調子で、なおも「学費がたりなかったから」などの弁解をつづけています。

歩行中の女性ばかりを狙い、マウンテンバイクで背後から近づき、バッグを奪ったらそのまま全速力で逃走したのですから、危険かつ卑劣きわまりない犯行です。

ただ、一部の被害者との間では示談が成立していることも、弁護人によって明らかになりました。彼なりに覚悟を決め、恥を忍んで、親などに頭を下げて借りたのかもしれません。ただ、もっと早くその覚悟を決めておけば、ひったくりなどする必要もなかったのです。

大学院は退学処分となり、それまでの努力は水の泡と消え、また、人生を立て直さなければなりません。事件は新聞やテレビなどでも報道され、事件とは直接関係のない人々からもいっせいに非難も受けました。

これらの点で男は、自業自得とはいえども、すでに一定の社会的な罰を受けているので、刑を軽くすべきだと弁護人は主張したのです。

■さりげなく痛いところを突く裁判官

判決公判において、担当の大橋弘治裁判官は、懲役2年6か月の刑を、保護観察つきで3年間の執行猶予としました。

執行猶予ですから、裁判が終わったら釈放されます。ただ、執行猶予はけっして甘い処分ではなく、裁判官によって罪が許されたわけではありません。3年の間にまた犯罪を犯せば、執行猶予は取り消され、懲役2年6か月の刑の執行が有効となります。もし、新たに犯した罪に懲役1年6か月が言い渡されていれば、合計で懲役4年の実刑が科されるのです。

しかも大橋裁判官は、執行猶予がついている3年間、犯罪からの立ち直りを促すボランティアである「保護司」と定期的に会うことを義務づけました。

この被告人は、自分ひとりだけでは立ち直れるかどうか不安要素が残ると考えて、保護司による継続的なサポートが必要と判断したのでしょう。

「いいですか。学費の悩み、将来の悩みを、犯罪の言いわけになんて絶対にしないでください。同じ境遇で悩んでいる人は世の中にたくさんいます。だからといって、罪を犯すわけではないでしょう」

大橋裁判官に痛いところを突かれた元大学院生は、口を真一文字に結んで黙っています。さらに、裁判官は閉廷の直前に、こうつけくわえました。

「執行猶予の期間中には、なぜ自分が窃盗なんてしてしまったのか、自分自身を見つめ直してほしいと思います」

「大学院で、博士課程まで進みたい」という目的を達成するためにはお金が必要で、お金を得るための犯罪を繰り返したあげく、けっきょくは進学の道を絶たれてしまう……。

そのような本末転倒の皮肉な運命をたどりました。

経済的なピンチに陥ると、肝心の思考力も低下しやすくなります。誰かを頼ったり、目標をいったん断念したりと、問題を先送りしない早めの決断を進めることが大切だと、私自身もこの事件から、改めて思い知らされました。

彼には保護司との面談を重ねながら、新たに人生を懸《か》けるべき大切な目標を見つけてほしいものです。

22

「馬鹿みたいに簡単なことが、あなたには欠けていましたね。」

大学生のひとり息子を溺愛した母、
単身赴任で自宅を不在にしがちな父。
数年間、誰も立ち入らなかった部屋で
息子がひそかに作っていたモノとは？
［2019年3月25日 名古屋地方裁判所］

■爆薬TATPのすさまじい威力

名古屋市内でのこと、夜の公園から突然、激しい爆音が響き渡りました。

窓ガラスがビリビリと振動するほどの衝撃波があたりを襲い、家の中でくつろいでいた住民も、窓から顔を出したり外へ出たりして、不安そうに様子をうかがいます。まるで住宅地に飛行機が墜落したかのような騒ぎです。公園の奥で、大きな火柱があがっていたのを目撃した通行人もいました。

翌朝、公園内で爆音や火柱の発生源となった付近の地面に、大きな円形のくぼみが見つかりました。これは「漏斗孔《ろうとこう》」と呼ばれる爆発の痕跡《こんせき》で、音速（時速約１２００キロ）を超える強烈な衝撃波に叩きつけられた地面が、深くめり込んでできた穴です。

警察の現場検証により、現場からは微量のＴＡＴＰ（過酸化アセトン）の成分が検出されています。ＴＡＴＰは、わずかな衝撃を与えれば激しい爆発を起こす、ひじょうに危険な爆薬です。

しかしながら、手近な店で簡単に手に入る材料を組み合わせて作ることができます。海外では大規模なテロ事件でも、頻繁《ひんぱん》に使われてしまっているのです。

この爆発によって、死傷者が出なかったのは幸いでしたが、名古屋でもついにテロが勃《ぼっ》発《ぱつ》したのかと世間で恐れられ、警察による厳戒態勢の中で捜査が進められました。

ある日、とあるファミリーマンションの一室に、家宅捜索が入りました。捜索の対象は、そこに住む大学生の部屋です。

引っ越ししたばかりのマンションに突然やってきた警察官から捜索差し押さえ令状を示され、母は驚きと動揺を隠せません。母はひとり息子を溺愛《できあい》しているだけでなく、息子のすることに口を出さない姿勢で育てていました。息子が中学生になって以降、その部屋に入ることは一度もなくなっていました。

父親は単身赴任中で、自宅にもほとんど立ち寄ることはありません。父母ともに、何年間も開かれたことのなかった息子の部屋の扉が、愛知県警によってついに開け放たれたのです。

扉の向こうには、母が目を疑う異様な光景が広がっていました。床には小さな箱やパッケージが山と積まれていて、実験器具のようなものが所狭しと机に並び、まるで小さな研究室のような雰囲気です。

■化学という「力」に傾倒していった少年

彼は中学生の頃から、化学に人一倍の興味をいだいていました。SNSでは化学愛好家のコミュニティにも所属し、その部屋でおこなった実験の様子も動画で公開しています。

他のメンバーに対しては「警察がきそうな、もっとヤバイことやりましょうね」などと、煽《あお》っていたようです。

思春期の男子は、「力」「強さ」にとくに憧れることが多いように感じます。アクション映画や格闘技などを観たあと、自分もケンカに強くなったように錯覚し、テンションを高めたという人もいるでしょう。

この大学生が化学に傾倒したのも、自分の手で作れる爆薬に、世間を動揺させる「力」を感じたからかもしれません。爆薬を使いはしなくても、「やろうと思えばやれる」という潜在的な力を手にしていることに、ひとりで密《ひそ》かな高揚感《こうようかん》をおぼえていた可能性があります。

ただ、強い力をもっているとおとなしくしていられず、いずれ使わずにいられなくなるのも、人間の性《さが》です。とくにTATPは、製造中にいきなり爆発することもあるほど、きわめて危険な物質で、失明や指の切断などの事故も実際に起きています。

知識と腕のあるプロの研究者は、TATPには手を出しません。しかし、化学をかじった程度の初心者ほど、その危険性をナメてかかり、面白がって作りたがるのです。

ちょうど、運転に中途半端な自信があるドライバーほど、安易にスピードを出したがり、重大な衝突事故を起こすのと同じです。一流のプロレーサーこそ、高速走行のリスクを知りつくしているので、ふだんは安全運転を心がけます。その運転技術は、観客を喜ばせる目的にしか使いません。

なお、この大学生が作っていたのは爆薬だけではなく、3Dプリンタで銃も作っていました。

いままではさまざまな部品を調達しなければ銃などは製造できず、そのため発覚するケースも多く、ほとんどが検挙されていました。しかし、いまでは形状のデータさえダウンロードできれば、自宅で自動的に、硬化プラスチック製の銃を「プリントアウト」できる時代になってしまったのです。

その銃は本棚の奥に保管し、その手前に数冊の参考書を置いて隠していました。

彼はなんと、覚醒剤まで部屋の中で作っていました。「作れるんなら買い取るから、作ってくれないか」と、同年代の少年からネットを通じて頼まれたというのです。自分で使うことはなかったようですが、新たな実験器具の購入代金の足しにでもしようと、軽い気持ちで覚醒剤を製造・販売したのです。

おとなしそうな風貌《ふうぼう》でいながら、やっていることは闇組織にも負けていない悪事のオンパレード。閉ざされた自分だけの空間の中で、もはや「実験」の歯止めが利かなくなっていたのでしょうか。

■「怖かった。もう関わりたくない」

初公判。黒縁メガネで真面目そうな19歳の男子大学生には、爆発物取締罰則違反、火薬類取締法違反、覚せい剤取締法違反など、7つの罪名で容疑がかかりました。そのすべてについて、彼は素直に罪を認めました。

公園でTATPを爆発させたのも、引っ越しのときに荷物として運ぶのが怖くなり、処分する場所に困っての犯行でした。

被告人は警察の取調べで「作り方は、海外のサイトで調べられましたし、薬局やネット通販で必要な材料を買えました」「足りないものは高校の理科準備室から盗《と》ってきたこともありました」などと、自分に不利なこともすべて打ち明けています。

さらに「TATPに火をつけて逃げているとき、ものすごい音と一緒に、爆風に背中全体が強く押され、前へ転びそうになって怖かったです。もう二度と、化学には関わりたくない。もうやりたくありません」と、反省の弁を述べています。

■恵まれた環境への甘え

「物事の善悪をしっかりと教えられなかったのは、私の監督不足も否めません。私自身も反省すべき点がありました」と、法廷で父親は裁判官に頭を下げ、さらに「息子の暴走を止めてくださった警察の皆さんにも感謝しています」とも述べました。

自分のせいで実の父親が謝罪している様子を、被告人はどんな気持ちで見つめていたのでしょうか。


担当の神田大助裁判官は、被告人に対して、

「やっていいことと悪いこと。小さい子どもですら理解できるほど、馬鹿みたいに簡単なことが、あなたには欠けていましたね」

と、厳しく指摘しました。


強い力は、他人を脅かすのでなく、誰かを守るために使うべきだとの意識を、この被告人は持てないまま19歳になってしまったようです。息子を叱れない両親の前で、裁判官が代わりに叱った形となりました。被告人は「この事件を通じて、自分が成長できた気がします。本当に申しわけありません」と、反省の弁を述べました。

「自分の起こした犯罪によって自分が成長できた」などとは、幸いにも被害者が出なかったからこそ許される答えです。

そして、判決公判で神田裁判官は、懲役3年以上5年以下の実刑判決を言い渡しました。

そして、

「あなたには恵まれた環境があって、その環境への甘えがあっての犯行だったのだと思います。一定のけじめをつけて、もっと心の豊かな人になってほしいと思います。まだ若いんだから、いつか社会に貢献できる人になってください」

と、おちついた口調で説諭しました。

密室で危険なものを遊び半分に作りつづけた被告人に対し「恵まれた環境への甘え」と、神田裁判官は厳しく指摘しました。この説諭は、食うに困り、人生に絶望し、ギリギリまで追い詰められ、やむなく罪を犯してしまった人々と法廷で向き合いつづけてきたからこそ、出てきた言葉ではないかと感じます。

この被告人は、難しい化学や工学を理解できるだけの賢さを暴走させた結果、踏みはずすはずがなかった道を踏みはずしました。せっかく入った大学も、逮捕をきっかけに自主退学しています。

そして今後は、化学以外の分野で世の中に貢献したいと、法廷で誓いました。

23

「あなたの病気のひとつを私ももっています。どうか、負けないでください。」

業界の好景気で儲けたあぶく銭、六本木ヒルズでの派手なセレブライフ。寛大な判決を求めた50代の社長に、30代の裁判官が告げた意外なひと言とは？

［2010年4月9日 東京地方裁判所］

■ヒルズライフを満喫する社長

その男が社長を務める会社は、増益につぐ増益で、勢いを加速させていました。東京・港区の中心地、六本木ヒルズにオフィスと自宅を構えた男は、会員制クラブで豪勢なパーティを開いたり、高級外車を乗りまわしたりして、「わが世の春」を謳歌《おうか》していたのです。

男は、銅やアルミニウム、ニッケルなど、いわゆる「非鉄金属」と呼ばれる材料を取り扱う卸業の会社を経営していました。

この非鉄金属の価格相場は、2005年から2008年にかけて、世界的に急上昇しました。なぜなら、経済が急成長中の東南アジアやアフリカ諸国、そして、当時は北京オリンピック・パラリンピックの開催を控えていた中国で、非鉄金属の需要が拡大していたからです。

とくにアルミニウムは、窓枠サッシ・飲食品の缶・電車や航空機の外装・機械部品・輸送機材などで盛んに使われます。発展途上国からつぎのステップへ上がりたい国々にとって、どうしても必要不可欠な金属材料として、いっせいに注目されたことで、国際的な争奪戦が繰り広げられていました。

さらに、当時の日本はＦＸ（外国為替証拠金取引）ブームの真っ最中でした。数百倍のレバレッジと安定的な円安トレンドを味方につけて、さらなる利益を得た男は、ウハウハなヒルズライフを送っていたのです。

■巨額の脱税が発覚した

しかし、そのような幸運も長くはつづきませんでした。北京五輪が終わり、その直後に「リーマンショック」が世界経済に激震をおよぼし、一気に景気が冷え込んでしまったからです。

そのタイミングで、男が経営する非鉄金属卸会社に国税局の査察《ささつ》が入ります。

2006〜2008年までの3年間で、架空経費を計上するなどして、およそ9400万円の法人税を免れた疑いがかけられたのです。FXによる利益も申告していませんでした。財務上の余裕があった順調な時期に脱税をしていたのですから、救いようがありません。

やがて、東京地検特捜部は法人税法違反の罪で、男と会社を起訴しました。

東京地裁で開かれたこの脱税の裁判で、弁護人はひとつの証拠を裁判官に提出しました。被告人が保有している障害者手帳です。

「被告人は、複数の心臓疾患を抱えておりまして、現在は通院で治療中の身です。実刑で服役するのは身体上の理由で耐えられないものと弁護人としては考えております。よって、どうか寛大な判決を賜りたいと思い、提出をさせていただきます」

その主張を聞いた担当の片岡理知裁判官は、男の障害者手帳を証拠として採用し、書記官から受け取り、中身を確認しました。

さらに弁護人は、医師が作成した被告人の診断書を、追加で証拠提出します。六本木の高級クリニックかどこかで診《み》てもらったのでしょうか。心臓病を中心に数々の病名が並んでいる模様で、片岡裁判官はその診断書にも、じっくりと目を通していきました。

■裁判官の思いもよらぬ告白

後日の判決公判で、片岡裁判官は懲役1年を言い渡し、刑の執行を猶予しました。ただ、このように、つけくわえています。

「あなたの体調がよくないから執行猶予にしたのではありません。たしかに、体調不良を酌んだ判例はありますが、今回はあえて減刑の理由にはしていません。身体が悪いからといって、脱税の罪状が軽いとはいいがたいですからね」

片岡裁判官が述べたとおり、被告人の病気を理由に刑が軽くされた判例はあります。たとえば、書店で女性のスカートの中を盗撮した男性について、白血病の患者であることを理由に執行猶予がついたケースなどです。

「甘くないか？」「病気と盗撮は関係ないだろ？」と、疑問に思う人もいるでしょう。この件では医師が「白血病のため、服役には耐えられない」と診断書に明記されていたことが、執行猶予の決め手とされました。

更生してやり直すために刑務所に入るのに、更生どころか人生が終わるリスクが明らかに高まるなら、そんな懲役刑は本末転倒です。そのうえで、裁判官も「これが最後のチャンスです」と、被告人に厳しく釘を刺しました。

そのいっぽう、本件では医師からの意見が提出されていませんでした。そのため、被告人の病気を執行猶予の理由にふくめることは、ためらわれたのかもしれません。

そして、当時35歳だった片岡裁判官は最後に、このようなカミングアウトをしました。

「あなたの診断書に書いてあった病気のひとつを、私ももっています」

年輩になった人々が集まると、老眼や腰痛などの持病が共通の話題となりやすく、場がにわかに盛りあがることもあります。ただ、20歳近くも年齢の離れた裁判官との間で、まさか病気という共通点があるとは、被告人にとっても意外だったでしょう。

ひょっとすると、自分の診断書や障害者手帳で、裁判官の同情を誘おうとしたことを恥じる気持ちも湧いていたかもしれません。

そして、持病というお互いに共通する深い悩みがあると知った被告人は、「この裁判官のいうことなら信頼してみようか」と、心を開くきっかけになった可能性が高いのではないでしょうか。


「無理をしてはいけませんが、どうか、それに負けないでください。今後もなお、会社経営を頑張ってほしいと思います」

片岡裁判官は力強い口調で説諭を締めくくり、閉廷を宣言しました。

24

「子どもは、あなたの所有物ですか？社会全体の宝でしょ？」

2歳の息子を自宅のクローゼットに閉じ込めて外出していた母親の虐待裁判。自分自身も子育てをしている裁判官は、法廷で何を問いかけたか？

［2005年2月8日 大阪地方裁判所堺支部］

■「しつけ」という名の監禁

幼い頃、親に叱られて、鍵つきの部屋や物置などに閉じ込められたり、家から追い出されたり……そんな経験のある方もいらっしゃるでしょう。

まだ言葉でのコミュニケーションが難しく、叱って言い聞かせても不十分な幼児期には、「しつけ」の一環として、罰で「閉じ込め」をすることも有効だという説があります。とはいえ、なにが悪いことなのかを実感として知らせる目的でおこなわれなければなりません。そして、せいぜい10分程度でやめるべきだとされます。

この裁判で監禁罪に問われたその母親も、やはり最初は息子に「しつけ」をしているつもりでした。

ただ、自宅のクローゼットに2歳になる息子を、夏場に約3時間半にもわたって閉じ込めていたのは、あきらかに異常です。しかも、「自分が出かけている間に、部屋を散らかされたくないから」という理由で息子を閉じ込めていたらしく、もはや「しつけ」ではありません。さらに、クローゼットの扉を外から冷蔵庫で押さえつけ、いっさい動かせないようにするほどの「念の入れよう」でした。

この世でもっとも信用していたい母親によって、狭く真っ暗な空間へ押し込められた幼い息子は、強烈な不安と恐怖におそわれて、全身が震えたに違いありません。

事件発覚の1年前、母親はある男と結婚し、3人で同居を始めました。夫となった男は、妻のその連れ子と養子縁組まで結んでいます。にもかかわらず、「おもちゃを散らかす」などの理由で、顔を拳《こぶし》で殴るなどの虐待を繰り返していました。

その子をクローゼットの中に閉じ込める虐待も、先に始めたのは夫のほうでした。夫の友人が自宅を訪れた際、たまたま息子に対してその「しつけ」をする様子を見て、友人は注意したらしいのですが、夫は「いけるいける。大丈夫、死なへん」などと返し、軽くあしらっていたようです。

妻は、そんな夫の虐待を止めるなど、血のつながった息子を守るような具体的な行動は、なにも起こしませんでした。

それどころか、夫のマネをして、外出しようとするたびに、邪魔になるからと息子をクローゼットの中へ放り込んで出かけることが日常と化していたのです。ちょうど、夫との間に男の子が生まれた直後から、そのような虐待が始まっています。

■ついに起きてしまった悲劇

ある日、その自宅を児童相談所の職員が訪れました。夫の異常な「しつけ」を目撃した友人が、児童相談所に通報したからです。約3か月の間、夫は面会を断ったり、居留守を使ったりしていました。それでも、職員は粘り強く訪問を繰り返します。

そうした職員の根気に負けた妻は、息子とともに面会することに決めました。息子の顔にいくつも、内出血の傷痕《きずあと》があるのに気づいた職員が、その点を追及すると、妻は「転んで机の角で打っただけです」と嘘をつきました。夫をかばうためでした。

その説明を受け、職員は緊急で子どもを保護するほどの状況にはないと判断し、いったん出直すことにしたのです。

惨劇は、その3日後に起きました。息子の腹を蹴りつけて、内臓破裂により死亡させたとして、夫が逮捕されたのです。その日、妻は遊びに出かけて、夜遅くまで帰宅していません。検察官は息子に対する殺意を認めるべき証拠があったとして、夫を殺人罪で起訴しました。のちに妻も、生前の息子に対する監禁罪で起訴されています。

■強い口調で問いただす裁判官

「あなたにとって、息子さんはどんな存在だったんですか?」

妻の裁判を担当した坪井祐子裁判官が、質問を切りだしました。

「大事な存在でした」

妻は細い声で答えましたが、坪井裁判官は強い口調でさらに問い詰めます。

「大事な存在を、クローゼットに3時間以上も監禁しますか？　子どもは、あなたの所有物ですか？」

その問いかけが、法廷じゅうに響きます。

「子どもって、社会全体の宝でしょ？」

坪井裁判官自身も、プライベートでは母親の務めを果たしているそうで、それだけに確信のこもったひと言です。少子高齢化が加速する日本においては、ますますこの言葉が重く感じられます。

「あなたには、夫以外の人からの注意を聞き入れる能力が欠けていたのではありませんか。そのことについて、ゆっくり考えてもらえますか」

妻は、夫と結婚したことをきっかけに、心の片隅で変化があったとみられます。それは、夫と血のつながっていない息子を「邪魔者」だと感じる変化です。妻は夫の虐待を止めるどころか、夫との間に子どもが生まれて以降は、自分が息子に対する監禁を繰り返すようになっていました。

夫と築く家庭に没頭するあまり、その家庭内で起きている出来事を「異常」だと気づく客観的な感覚を失ってしまったのかもしれません。

裁判官から図星《ずぼし》を突かれた格好の妻は、「はい」と頷《うなず》くのが精一杯でした。

判決公判で、坪井裁判官は、

「長男は飲食物を与えられることもなく、約3時間半も真っ暗な空間に監禁され、健康への危険が大きく、その心の痛みは想像を絶していた。被告人は人の親としての自覚や資質に欠け、長男を世話する人が他にいないことを知りながら出かけており、言語道断の犯行である」

と、判決理由の中で、母親の育児放棄を厳しく非難しました。

「しかし、まだ20代で若く、被告人なりに反省の弁を述べている」

として、懲役2年の刑に、4年間の執行猶予をつけました。


おそらくこの妻は、夫の悪い影響さえ受けなければ立ち直ることができる。そう坪井裁判官は判断したのではないでしょうか。

これからは死亡した息子に対して冥福《めいふく》を祈り、ひとりの親として新たに心を入れ替え、夫と出会う前の「ふつうの子育て」に改めて取り組んでいけるものと、裁判官として、そして同じ母親として直感したのだと思います。

なお、夫に対しては別の裁判で、懲役12年の実刑判決が言い渡されています。

25

「競走馬が稼いでくれたお金で生きてきたのではありませんか。」

伝統と実績を誇る競走馬の牧場で、急展開の
刑事事件が発生。還暦を迎えた被告人に、
23歳年下の裁判官が投げかけた言葉とは？
[2016年10月7日 札幌地方裁判所浦河支部]

■ライフルで撃たれた競走馬

その栄光は、他のどの牧場にも負けないほど輝かしいものでした。日本中央競馬会（JRA）の顕彰馬《けんしょうば》として、殿堂入りした著名なサラブレッドをも育成・輩出した、北海道でも名門の競走馬牧場で、事件が起きました。

競馬にデビューする前の若いオスのサラブレッド2頭が、射殺されているのが見つかったのです。周囲には、ライフルから発射されたものとみられる薬莢《やっきょう》4つも発見されました。

大切に育ててきた馬が突然の非業《ひごう》の死をとげて、牧場のスタッフたちは哀しみと恐怖に打ちひしがれますが、いつもどおり気丈に他のサラブレッドを世話しつづけました。

ただ、衝撃の事件から数か月がたち、さらに衝撃的なニュースが舞いこんできました。その牧場のオーナーが、サラブレッド2頭の射殺容疑で逮捕されたのです。

彼は、馬の射殺体の「第一発見者」として警察に通報した本人でした。野生のシカなどを駆除する目的で所持が認められていたライフル銃の銃口を、よりにもよって、宝のように育てていたはずの競走馬に向けたのです。

■サラブレッドは法律上の「愛護動物」

ある夜、牧場のオーナーは職場で酒に酔いながら、裁判所から送られてきた破産手続きに関する書類に目を通していました。かつては、数々の名馬を輩出し、幾多《いくた》の表彰歴を誇り、業界内では名門としてひろく知られていた牧場。それがいつしか資金繰りに苦しむようになり、ついに破産にまで追い込まれてしまったのです。

プライドは深く傷つき、「どうして、こうなってしまったのか……」と、自分の運命を恨《うら》んだに違いありません。

窓から外へ目をやると、馬たちが暢気《のんき》に干し草を食《は》んでいるのが見えます。その干し草を調達しつづけるのにも、多額の経費がかかります。やけ酒の勢いもあって、不意に感情が高ぶり、サラブレッドの存在を疎《うと》ましく思ったのでしょうか。

昭和初期に始まったその牧場は、父から息子へ四代にわたって受け継がれてきた歴史がありました。牧場で飼われている馬がサラブレッドなら、その牧場のオーナーも、いわば「血統書のついたサラブレッド」です。その誇りある歴史を自らの代で絶ちきってしまった無念さもあったのでしょう。

オーナーは、銃刀法違反と動物愛護法違反の容疑で逮捕されました。野生の「害獣」を駆除する目的で、銃刀法で特別にライフル銃の所持を認められていたところ、その目的に反した使い方をしたことから、その行為は「発射制限違反罪」に該当します。最高で懲役5年が科されます。

また、他人が飼っている動物をむやみに殺せば「器物損壊罪」に該当することは、ご存じの方も多いでしょう。しかも馬は、犬・猫・牛・豚・鶏などと同じように、動物愛護法で指定された「愛護動物」ですので、自分で飼っていても、むやみに殺せば最高で懲役2年が科されると規定されています。

とはいえ、サラブレッドを愛し、かつビジネスパートナーとしている競馬関係者にとっては、ひょっとすると殺人にも匹敵するほど重大な事件といえそうです。

■判決を言い渡し、勇気ある説諭をした裁判官

牧場のオーナーは、破産手続きをしていたのと同じ裁判所で、今度は刑事被告人として裁かれることになりました。この裁判を担当したのが大川恭平裁判官です。

被告人が射殺したサラブレッドには、損害保険が掛けられていました。それもあって、警察は最初のうち、破産に追い込まれるほどお金に困った被告人が、保険金欲しさに犯行におよんだのではないかとも考えていました。しかし、大川裁判官から改めて犯行動機について問いかけられると、被告人は保険金目的を否定します。

「当時は酒に酔っていました。うちの牧場がつぶれた理由を馬のせいにして、気分を晴らそうと思ってしまいました」

「本当に申しわけありません。本当に可哀想なことをしました」

そうした話を受けて、判決公判で大川裁判官は、被告人に対して懲役1年を言い渡し、特別に執行猶予をつけることにしました。

破産の原因を馬に押しつけて、犯行におよんだ動機は強く非難されるべきで、法律上、愛護動物とされている馬の生命の尊厳をふみにじる、自己中心的な犯行だったと厳しく指摘しました。

その一方で、犯行の性質上、被告人が希望している「動物に関わる仕事」に就くことは将来的に難しく、一定の社会的な罰を受けていると考えられます。そこで、全体のバランスを考え、懲役刑には執行猶予をつけて、いますぐ刑務所に行く必要はないと結論づけました。

当時、還暦を迎えていた被告人に対して、大川裁判官は37歳。いくら年下だろうと、犯罪から社会を守るため、裁判官は法にのっとり権限をもって被告人を裁き、刑罰を与えなければなりません。

ただ、年配者に対して、まるで上から見下ろすように人生訓を垂《た》れる発言をすれば、「世間知らずの若造のくせに、偉そうなことをいうな」などと叩かれかねません。ですから、たいていの裁判官は判決以外の話はせず、無難に終わらせたがるでしょう。

大川裁判官は違いました。「批判されたくない」という自分の気持ちよりも、被告人が二度と罪を犯さないことを最優先に、説諭に踏みきったのです。

被告人は、代々つづいた競走馬牧場の四代目ですから、幼い頃から馬に囲まれ、かわいがり、喜びを共有してきたはずです。

「あなたは中学、高校、大学と、競走馬が稼いでくれたお金で生きてきたのではありませんか。馬にお世話になった人生に思いを致《いた》せば、今回のような犯行はなかったはずです」

あらゆる環境に対して感謝の気持ちを忘れずに、今後の人生を歩んでほしいと願いながら、大川裁判官は丁寧に言葉をかけました。きっと、言葉をもたない馬たちが置かれた立場を、代弁する説諭だったのではないでしょうか。

26

「捕まって法廷まできて、格好いいわけがないでしょう。」

魅惑の高級スポーツカーがもたらす
異次元のスピード体験。裁判官は問いかける。
この世の中で「大人の格好よさ」とは何か？
［2014年3月13日 新潟地方裁判所］

■フェラーリの誘惑

これは、一生に一度のチャンスかもしれない！

そう思うと、興奮が止まりません。きっとこれから、非日常の体験を味わえるに違いないと、男の胸は高鳴っています。

友人から、高級輸入スポーツカー「フェラーリ」の試乗会に誘われた20代の男性は、交際中の彼女を連れて、会場までやってきました。

サーキットを超高速で駆ける目的で、徹底的に考え抜かれて設計された流線形の輪郭《りんかく》が、陽に照らされて輝いています。いつも運転しているクルマよりも、ずっと横幅が大きく、車高が低いことが一目でわかります。

「すごいだろ？　いいだろ？　やせ我慢しているだけで、けっきょく、男はみんなフェラーリに乗りたいんだよ。ほらほら、乗ってみろよ」

試乗用のフェラーリを、まるでマイカーのように自慢する友人は、誇らしげに男を試乗車の中へ案内します。

アクセルをわずかに踏んだだけで、想像以上のスピードで前へ突き進んでしまったのに驚き、男は慌《あわ》てて急ブレーキをかけます。

助手席の彼女は、短く悲鳴をあげてダッシュボードに両手をつき、自分の身を守る姿勢をとります。「びっくりした」「大丈夫?」と、不安な感情を続けざまに口にしています。

男はひと息ついて、つま先でアクセルをつつくように踏み、慎重にハンドルを切りながら、そろりそろりとフェラーリを公道へ出していきました。彼女は、窓の外をジッと眺めています。

交差点で信号待ちをしている間、「スピード出さなきゃ、フェラーリの本気は体感できない」という友人のうんちくを思いだした男は、ジャケットの懐からスマートフォンを取り出しました。

録画ボタンを押し、ダッシュボードとフロントガラスの間に挟むように立てかけます。そして、信号が青に変わった瞬間、アクセルを踏み込みました。

獰猛《どうもう》な野生動物がうめくかのようなエンジン音と振動が、運転席を包み込みます。交差点の向こう側に見える直線道路が、あっという間に眼前へ近づいてきます。背中がシートに強く押さえつけられる感覚に興奮をおぼえ、男は笑みを浮かべ……。

■スピード違反の証拠を世界へ発信

法定速度60キロの一般道を、時速157キロで走行したとして、道路交通法違反(速度超過）の罪に問われた男は、法廷で素直に罪を認めました。

男は「これから一生、訪れないチャンスかもしれないと思って、つい飛ばしてしまった」「彼女に格好いいところを見せたかった」と、スピード違反を犯した動機を供述しました。


いわゆる「スピード違反」は本来、最高で懲役6か月の犯罪として扱われるのですが、実際にはほとんどの場合、違反点数と反則金納付だけで勘弁してもらえます。

なぜなら、スピード違反は全国で年間１００万件以上も検挙されているからです。その違反者をすべて刑事裁判にかけていれば、裁判所の機能がパンクしてしまいます。

ただ、本件の男は「97キロオーバー」という非常識なスピード違反を犯してしまったために、反則金ですますわけにはいかず、法廷まで呼び出されたのです。

「97キロオーバー」の決定的な証拠となったのは、男が動画投稿サイトにアップロードしていた映像です。

一般道を暴走し、街の景色がありえない速度で流れていく運転席からの視界がしっかりと記録され、インターネット上に公開されていたのです。

一生の思い出を残したいという単純な気持ちと、コメント欄の反応を見たいという自己顕示欲が高じて、犯罪の動かぬ証拠をつい、世界へ向けて発信してしまったのでした。

■大人の「格好よさ」とは何か？

担当の三上孝浩裁判官は、男に対して、こう指摘しました。

「あなたが運転している姿は、格好いいのかどうかわからないけれども、こうして捕まって法廷まできて、格好いいわけがないでしょう」

フェラーリを飛ばして、男は一瞬の快楽にひたったのかもしれません。しかし、その後のことを軽く考えていました。そうした考え方をふくめて「格好いいわけがない」と戒《いまし》めたのです。

スポーツカーに乗るかどうかは、個人の趣味の範囲です。しかし、他人へ迷惑や危害をおよぼしかねないほど乱暴な運転をするのなら話はまったくもって別で、趣味の問題では収まりません。

さらに三上裁判官は、ちょっとした体験談を披露しました。

「わたしは、安全運転をしているスポーツカーを街で見かけて、『格好いいな』と思ったことがありますよ」

男は、神妙な面持ちで「これからは、友人の誘いに流されず、自分の意見もいえるようにします」と、三上裁判官に対して反省の弁を述べました。

何が格好いいかは、個人それぞれの価値観によります。

いずれにしても、公道の制限速度を守り、歩行者優先で走行するスポーツカーの運転者は、愛車に秘められたとんでもない潜在能力を厳しくコントロールして、実社会との調和を図ろうとしているのでしょう。

その姿は、まさに三上裁判官のバランス感覚とも重なります。自分が持っている強大な国家権力をむやみに振りかざさず、被告人が立ち直るよう、法廷で丁寧《ていねい》に言葉をかけているのですから。

27

「褒められ感謝されても、それは君に対する本当の評価ではありません。」

男性が人気アニメ番組を違法コピーしたのは
お金が目当てではなかった。その犯行動機にたいして
裁判官が口にした「たとえ話」とは？
［2008年7月7日 京都地方裁判所］

■犯行動機は「承認欲求」

神奈川県に住む平凡な会社員が突然、京都府警によって逮捕されました。『機動戦士ガンダム』シリーズなどの人気アニメ番組を違法コピーした、著作権法違反の容疑をかけられたのです。

さまざまなアニメ番組の動画データを、週に約20本のペースで、ファイル共有ソフト「Share（シェア）」を使って大勢のユーザーに視聴させていました。しかも、無料で。

ネット犯罪には警察ごとの管轄がなく、それを取り締まる部署は、各都道府県警にあります。ただ、京都府警の「サイバー犯罪対策課」が、ＩＣＴ技術に精通した多種多様な人材を確保し、捜査経験も豊富なこともあり、全国各地のサイバー犯罪をことごとく検挙しつづけているのが実態です。

この事件では、なぜ原作者や制作会社などの著作権を侵害するリスクを負ってまでアニメ番組を共有したかったのか、その犯行動機がよくわかっていませんでした。

現代ですと、放映ずみのテレビ番組をYouTubeなど動画サイトへ違法アップロードする人々がたくさんいます。ただ、彼らには「広告収入めあて」という、わかりやすい動機があります。

その一方で、この事件で逮捕された犯人は、警察に検挙される危険を冒《おか》してまで、ファイル共有ソフトでテレビ番組をネット動画に変換し、ただで公開しているのです。その作業には手間がかかっているにもかかわらず、1円も儲かっていません。

裁判が始まり、担当の佐藤洋幸裁判官が、被告人に対して犯行動機をじっくりと問いただしていきます。すると、被告人の本音がじょじょに明るみに出てきました。

「テレビで放映されたあと、自分が誰よりも早くShareへアニメを流せたときが嬉しかった」

「『職人』や『神』と褒《ほ》められて、みんなから感謝されるのが嬉しかった」

つまり、彼の犯行動機は「自分の承認欲求を満たすため」でした。

■万引きしたパンを配る行為に近い

SNSでの素敵な写真や投稿に、友達から「いいね」をもらって、嬉しくなる気持ちと同じです。心理学者のアブラハム・マズローは、人間の欲求には5段階あると説き、承認欲求は上から2番目の比較的高い次元にある欲求と位置づけています。

「この世界に自分の居場所がある」「この世の中で役に立つ存在だ」などの実感を得たいという、この承認欲求が得られれば、人間はお金を受け取るよりも高い満足感を得られることが多いといわれています。一方で、承認欲求が満たされていない人は、劣等感や無力感、焦りの感情などに苛《さいな》まれることが多いのです。

佐藤裁判官は、自分の承認欲求を満たすために、ファイル共有ソフトを使ってアニメ動画をばらまいた犯行について、このように述べました。

「それはたとえば、大量にパンを万引きして、それを他人にただで配る行為に極めて近いのではありませんか。それでたとえ褒められたり感謝されたりしたとしても、それは君に対する本当の評価ではありません。悪さを代わりにやって、それがメンバーから注目されたにすぎません」

万引きしたパンを配ることと、コピーしたアニメ番組の動画を配ることには、質的な違いがあります。パンの万引きは自分のためにやっても犯罪ですが、アニメ番組を動画に変換してコピーすることは、自分のためにやるだけなら合法だからです。

しかし、他人のふんどしを借りて評価され、名誉を受けることの空《むな》しさにおいては、ほとんど同質かもしれません。

この被告人は、仕事でもプライベートでも、承認欲求が満たされることがほとんどなかったようです。それで、ファイル共有ソフトのコミュニティ内での「活躍」が、自分の存在価値や居場所を確認できる唯一の場となっていたのでしょう。

のちの判決公判で、佐藤裁判官は被告人に執行猶予のついた懲役刑を言い渡しました。被告人はその時点ですでに、勤めていた会社をクビになったようです。彼は立ち直るために、別の新たな居場所を見つけなければなりません。

他人の代わりに悪さをやって褒められても、それは真の評価ではない……。佐藤裁判官の言葉が、被告人にとってこれからの人生の指針になっていくことを願います。

■とても便利な一方、危険性も高いソフト

最後に「ファイル共有ソフト（P2Pソフト）」について説明させていただきます。文書や画像、動画、アプリケーションなど、コンピュータで使うさまざまなデータを、他人と相互交換するためのソフトです。

日本人エンジニアが作った代表的なファイル共有ソフトとしては「Winny（ウィニー）」や「Share（シェア）」「Cabos（カボス）」などがあげられます。

似たような使い道のソフトに、「Dropbox（ドロップボックス）」や「Googleドライブ」などがありますが、ファイル共有ソフトは、特定企業のサーバーを利用することなく、すべてのユーザーの端末（パソコン）同士がインターネットで直接につながります。

つまり、あなたがデータをアップロードする作業をしなくても、そのデータを、他人が使えるようになるのです。ファイル共有ソフトを使い始めれば、自分が端末に保存しているデータを他のすべてのユーザーが使えますし、その代わり、自分も他のすべてのユーザーが端末に保存しているデータを利用できるようになります。

最初は、インターネットの可能性を大幅にひろげる革命的なしくみとして開発されたファイル共有ソフトも、現代では重大な3つの不安要素があるのも確かです。

（1）コンピュータウイルス（マルウェア）に感染しやすくなる。

（2）児童ポルノ動画など、保有すること自体が違法なデータを知らないうちにつかまされる危険性がある。

（3）著作権法違反（公衆送信権の侵害）で訴えられるリスクが高い。

よって、あなた自身を守るためにも、ファイル共有ソフトは使わないようにしましょう。

28

「飼い犬も地域社会の一員です。あなたが本当に犬を愛しているのなら…」

近所迷惑の飼い主を取り締まるために採《と》られた苦肉の策。20匹以上もの犬を放し飼いにしていた女性の正体とは？ そして裁判官は、どう諭したか？
［2007年4月9日 奈良簡易裁判所］

■近所迷惑な犬屋敷

奈良市内の閑静《かんせい》な高級住宅街にある2階建ての一軒家に、ある日、警察の家宅捜索が入りました。

家主は70歳になる女性。周辺の住民からは「犬おばさん」と呼ばれていました。けっして親しみのこもった呼び名ではありません。その家からは、絶えず犬の鳴き声が響いていて、近隣の住人に対して常に迷惑をかけてきました。それで警察へ通報が入ったのです。

最初は2匹だけ飼っていた「犬おばさん」でしたが、ただただ自然繁殖を繰り返すうちに、ピーク時には約30匹まで増えてしまいました。

その頃から「犬おばさん」は開きなおったのか、飼育の手抜きを始めます。

ペットフードの袋の封を開け、皿を使わずそのまま食べさせるようになりました。汚物を放ったらかしにし、家の周辺には悪臭が漂うようになりました。ひょっとすると、犬が繁殖しすぎて手がつけられなくなった現実を直視できず、見て見ぬふりをしたかったのかもしれません。

保健所が再三にわたって「犬おばさん」への指導をおこないますが、彼女は面会を拒《こば》みつづけます。いよいよ、警察へも相談が入るようになっていました。

ただ、近所迷惑になっているとはいえ、個人の住宅内で起きている出来事です。警察はなかなか介入できません。

たとえば、動物愛護法では、「排せつ物の堆積《たいせき》した施設、又は他の愛護動物の死体が放置された施設であつて、自己の管理するものにおいて飼養」する行為を、動物虐待にあたるものとして、最高で罰金100万円の刑を定め、取り締まっています。

しかし、そこまでひどい飼育環境なのかどうか、家の外からは判断しづらいため、動物愛護法の適用は見送られました。

そこで警察がもちだしたのが「狂犬病予防法違反」の罪です。生後90日を超える飼い犬に、狂犬病ワクチンを接種させていない、あるいは接種を証明する注射済証を犬の首輪などに付けていない飼い主には、最高で罰金20万円の刑が科されると定められています。

犬のトイレの世話すらしない「犬おばさん」が、わざわざ動物病院にまで犬を連れていって、お金を払ってワクチン注射をさせているはずもなく、狂犬病予防法違反の罪でついに摘発されるに至ったのです。

■「犬おばさん」、その驚きの経歴

「犬おばさん」に対しては、正式裁判を開かずに非公開の場で処罰を決める「略式起訴」がおこなわれ、まもなく罰金20万円の刑に処される予定でした。

しかし、略式手続きで済まされるのに納得いかなかった「犬おばさん」は、公開の正式裁判を要求したのです。審理は長引くことになりました。

じつは「犬おばさん」の正体は、引退した元裁判官だったのです。裁判制度にもきわめて詳しいわけですね。

彼女は退官するのをきっかけに、大阪から奈良へ引っ越してきて、新居での寂しさをまぎらわすために犬を飼い始めたとのことです。かつては「法の番人」を務めていたにもかかわらず、近所にさんざん迷惑をかけて、犬の飼い主としての最低限の義務を怠《おこた》る態度には呆れてしまいます。

ただ、正式裁判になったおかげで、担当の神山義規裁判官は罰金20万円の有罪判決を言い渡した後、裁判官の先輩にあたる「犬おばさん」に対して直接、説諭を述べることができました。

「飼い犬も、地域社会の一員です。あなたが本当に犬を愛しているのなら、ペットとして地域に愛されるように、適正な飼育環境を整えるよう、飼い主としての責任を自覚してほしいと願っています」

飼い犬は「家族」だとよくいわれますが、神山裁判官の説諭は、家族であると同時に「地域社会の一員」だと位置づけているのが特徴的です。地域に溶け込み、人々の暮らしと共存できるよう、近所迷惑にならないよう、家の中で最低限の世話、最低限のしつけを続けることが重要だと言い聞かせたのです。

ただ「犬おばさん」は、神山裁判官の判決を不服として、大阪高等裁判所に控訴しました。もちろん、控訴しても有罪の結論は変わりません。

その判決公判に、「犬おばさん」は出廷しませんでしたが、高等裁判所の裁判官も「犬の管理はしっかりしてほしいと伝えてください」とのメッセージを、担当弁護人に言伝《ことづて》したと報じられています。

■狂犬病は日本で「撲滅」されたのか……

発症すればほぼ100%の確率で死亡する、致命的な「人獣共通感染症」として知られている狂犬病。ウイルスに感染している犬や猫、コウモリなどに噛《か》まれれば、人間にも伝染するおそれがあります。

ただ、日本国内では1957年（昭和32年）以降、狂犬病の発症例は報告されていません。狂犬病の恐怖からここまで免れている「清浄国」は、世界的にも珍しいようです。

日本が海に囲まれた島国で、空港などでの検疫制度が整備され、人や動物の出入りを集中的に管理しやすい、恵まれた環境におかれているからこそです。そうした経緯から、愛犬に狂犬病ワクチンを打つことを、あえて不要と考えている飼い主も増えているようです。とくに室内犬では、他人に嚙みついたり他の動物に嚙みつかれたりする危険性が低く、その飼い主は狂犬病予防法を軽く見る傾向があります。実際、全体の2〜3割の飼い主は、愛犬に狂犬病ワクチンを接種させていないとの統計も出ています（平成26年の厚生労働省の調査では、全国の接種率71・6％）。

とはいえ、近年になって日本を訪れる外国人が急増しています。そのため、どのようなルートで狂犬病ウイルスが国内へ入ってくるかわかりません。狂犬病清浄国の「神話」は、いつ崩壊してもおかしくなく、油断ならない状況です。

29

「その言葉、これから禁句にしようか。便利な言葉で逃げないで…」

東日本大震災の被害につけこんだ
空き家への侵入窃盗犯。
どうにも歯切れが悪い被告人の返答に、
割って入った裁判官が発した提案とは？
［2012年8月17日 福島地方裁判所］

■すべての住人が消えた町

これだけ小さな島国なのに、地球上のすべての地震のうち、約10%が、日本の領土とその近海で発生するといわれています。日本に住む以上は、地震とつき合いながら暮らしていく運命にあります。

2011年3月11日、午後2時46分。岩手県の三陸沖深海を震源とした、マグニチュード9・0の大地震が、東日本を襲いました。まもなく、高さ10メートルをゆうに超える大津波が、東北地方の東海岸沿いの街並みを立て続けに呑みこんでいきます。

さらにその影響で、東京電力福島第一原子力発電所の原子炉がつぎつぎとメルトダウンや水素爆発を起こしました。原子炉の中に格納されていた放射性物質が微粒子として大気中に散らばり、被災地の外の住人にまで不安をおよぼしたのです。

政府はやがて、福島第一原発を中心とした半径20キロ内のエリアを「警戒区域」に指定し、立入禁止としました。これほど広範囲にわたって、日本の国土が立入禁止とされたのは、史上初めてのことです。

警戒区域に住所がある被災者は、一時的に自宅へ戻ることすらできなくなりました。警戒区域にふくまれた町や村は、人の気配が完全に消え去ったゴーストタウンと化したのです。

2013年に警戒区域が解除された直後、私はレンタカーを借り、2年以上も住人が立ち入れなかったエリアへ足を踏み入れたことがあります。

道路のアスファルトを突き破って、外来種の雑草が生い茂っていましたし、公園の滑り台には、つる草が絡みついています。ある理容店の看板についている時計は、2時46分を指したまま止まっていました。

また、自動販売機の硬貨差し入れ口が何らかの工具で乱雑に壊されていたり、民家の窓ガラスやシャッターが無惨に破られていたりもしています。原発事故以来、約2年間に発生したとみられる痛々しい犯罪の痕跡も、そこかしこに残っていました。

■被災者が被災者のものを盗むという悪夢

こうした大災害の混乱につけいって、盗みなどを犯す連中は「火事場泥棒」として、社会的に強く責められます。

火事場泥棒のほとんどは、被災地の外からやってきます。普段から秘密裏に窃盗団を組んでいるような「プロ」の連中が、震災の直後から目ざとく狙いをつけ、関東や関西、遠くは広島方面からも、無人の被災地を訪れて荒らしていました。

しかし、新聞やテレビではほとんど報道されませんでしたが、東北に住む地元住人が、無人の警戒区域や津波被災地域を荒らしまわる例も、じつはけっして少なくありませんでした。

被災者が、別の被災者を襲う。まるで、味方・仲間だと思っていた人間から寝首をかかれるような、痛々しい火事場泥棒の被害に、私も精神的なショックを受けながら裁判を取材していました。

ここでは、そのうち1件の裁判について記します。

■ノリで火事場泥棒を企んだ5人の若者

福島県内に住む18歳から21歳の男5人組が、窃盗の共犯として逮捕されました。同じ福島県内の警戒区域にある被災した空き家に次々と侵入し、少なくとも約3万円の現金と、時価70万円相当の大量の家電製品を盗みだした容疑をかけられています。

5人はパチンコ仲間で、「遊ぶ金がほしい」「警戒区域には誰もいないから、盗んでもバレないんじゃないか」といった、その場の軽いノリで犯行におよんだのです。5人のうち3人は起訴されず、20歳以上のリーダー格2人について、裁判が開かれました。

彼らの余罪が多いのと、復興活動に警察官の人手が取られて、福島県警の捜査が難航していたことなどから、逮捕から被告人質問の手続きに入るまで、1年以上を要しました。

検察官は犯行の詳細や動機について、被告人らに対して繰り返し、問い詰めていきます。

「あなたたちのやったことは、いわゆる火事場泥棒ですよ。どうして、邸宅（空き家）に侵入して窃盗なんかしたんですか？」

「本当に申しわけありません。当時、考えが甘かったです」

「理由はないんですか？」

「お金がもっとあればいいと思ってました」

「そりゃ、お金は欲しいだろうけど、やっていいことと悪いことがありますよね。窃盗をしようなんて話が出てきても、年上のあなたたちが注意して止める立場でしょう？」

「……自分が甘かったと思います」

「なぜ、止められなかったんですか？」

「…………自分の甘さのせいだと思います」

こうした歯切れの悪いやりとりに割って入ったのは、担当の加藤亮裁判官でした。

「あなた、さっきから『自分の甘さ』ばっかりいってるけど、その言葉、これから禁句にしようか。当時の『自分が甘かった』なんて便利な言葉で逃げないで、いま、自分のやったことと、しっかり向き合って話してくれますか」

もともと深く考えずに軽い気持ちで、遊び半分でやった犯行だったからか、当時の動機をどのように説明すればいいのか、被告人自身でも困っている様子でした。

しかし、震災の被害につけいる犯行の重大さや卑劣さについて、弁護人、検察官、裁判官から話がおよぶと、被告人らはようやく神妙な面持ちに変わりました。そうして、被害者に対する謝罪とできる限りの弁償を誓ったのです。

■裁判中、突然の余震が……

被告人質問の手続きが終わった直後、法廷全体がミシミシと音を立てて揺れだしました。当時は東日本大震災の余震が、まだつづいていたのです。すると、壇上の加藤裁判官はイスから立ちあがり、落ち着いた様子で注意を呼びかけました。

「傍聴人の皆さん、気をつけてください。検察官と弁護人、モニターの真下は危ないので、離れてくださいね」

法廷の左右の壁には、裁判員裁判での映像プレゼンテーションなどで用いられる大型モニターが1台ずつ設置されています。頭上の高い位置にあるため、地震の揺れで落下でもしたら、弁護人や検察官の席に激突するおそれがあり、たしかに要注意です。

緊急のときでも法廷全体を見わたして、的確な心配りができる加藤裁判官なのでした。

30

「この私の仕事は、犯罪をやめさせることですから。」

長寿人気番組の元レギュラー出演者が、大麻を
使っていたことが発覚。あいまいな返答をくりかえす
被告人に、裁判官が粘り強く問いただす。
[2006年9月13日 東京地方裁判所]

■高視聴率のテレビ番組に出演

端整《たんせい》な顔立ちの若者は、大きな身体をかがめて、前に手を組んだ姿勢で座り、開廷時間を待っていました。傍聴席に人が入ってくるたびに、入口のほうを振り向いたり、指をせわしなく動かしたりするなど、落ち着かない様子です。

その年の春まで、フジテレビの長寿人気番組『笑っていいとも』で、アシスタントユニット「いいとも青年隊」の一員を務めていた外国人タレントが、東京・六本木の路上に停めていた自動車の中に、大麻樹脂を所持していたとして逮捕、起訴されました。

検察の捜査によると、彼は高校生の頃から大麻を使用し始め、以後、スポーツカフェなどで密売人から購入し、タバコに混ぜて吸うことを繰り返していたようです。

世界的にみると、大麻の所持は、法律上の扱いが国によって異なります。なかには条件つきで合法化されている国もありますが、日本とタレントの母国では犯罪として取り締まりの対象となっています。

被告人が将来、更生する可能性について証言する情状証人として、実の父親が出廷しました。外国通信社の日本支局で、副支局長を務めるジャーナリストだそうです。父親は、母国の親戚や友人、被告人が通っていた大学の学長らにもかけあって、減刑の嘆願書《たんがんしょ》を何通も集めて裁判官に提出しています。

「それが全部ではありません。もっと提出することもできた」とも述べました。

さらに、「息子が、私たち家族の前で大麻を吸ったことはいっさいない」と、父親は法廷で断言し、その境遇に同情し、フォローする証言もしています。大学の勉強とタレント活動の両立が難しく、しかもバラエティ番組で笑いをとらなければならないプレッシャーに押しつぶされ、ストレスを溜めて通院した時期もあったのだと。

あるテレビ番組で、元「いいとも少女隊」の芸人の渡辺直美さんが「本番は正午なのに、早朝から新宿のスタジオにいかなければならなかった」と話していたこともあります。月曜から金曜まで、朝から昼すぎまで拘束《こうそく》されるとしたら、たしかに、いいとも青年隊の活動と大学生活との両立は困難だったのかもしれません。

▨被告人の話がどんどん移り変わっていく……

つづいて、本人に対する被告人質問の手続きに移ります。

弁護人からの質問に対して、自分の犯した過《あやま》ちに対する反省や後悔の念、そして家族に対する謝罪の気持ちを述べた彼は、「引きつづき、日本に住まわせてもらいたいです。日本は私にとって第二の母国で、大好きな国ですので」と、率直に訴えていました。

つぎに、検察官からの反対質問で「あなたは気持ちが落ち込むことがあったから、それをなんとかしようとして、大麻を使ったのですか？」と問われると、「よくわからないですが、大麻を使って気分がよくなることはありませんでした」と答える被告人。

「では、気分が落ち込んだのと、大麻を使ったのは関係ないということですか？」と検察官がさらに問うと、「そういうことではなくて、仕事と学業の両立で、ひじょうに過密スケジュールの中で、使ってしまったということです。でも、仕事のときに吸ったりはしておりません」と答えていました。

その歯切れの悪さに業《ごう》を煮《に》やしたのか、担当の青柳勤裁判官が、やや強い口調で質問を追加します。

「被告人、もうちょっと簡潔に答えてくれませんか。ようするに、大麻を入手した理由を検察官は聞いてるんだよ。両立うんぬんは大麻の理由じゃないでしょ」

■あいまいな答えを許さない裁判官

青柳裁判官は、論点を整理しながら、さらに質問を畳みかけました。被告人との質疑応答が繰り返されていきます。

「まず、仕事が忙しかった頃、大麻を使っていたの？　イエスかノーで」

「使っていません」

「では、使った理由は？」

「自分でもよくわかりません」

「そうですか。あなたの供述調書には、大麻の他にもいろいろ……コカイン、ＭＤＭＡとかも使ったとの記録がありますが、こういう類《たぐい》のものが好きなの？」

「試してみただけで、とくに好きだということはないです。ＭＤＭＡは好みでなく、１回だけです。コカインも１回だけです」

「普通、まじめに生きている人は、試すも試さないも、こんなものには手を出さないんだけど、なぜ試そうと思ったんですか？」

「私は、好奇心から試したのですが、でも他の、殺人や強盗といった犯罪とは、また違うものです。それでご理解いただきたいのは、家族の中で大麻を使っているのは、私だけだということです」

「家族のことなんか聞いてませんよ。聞かれたことだけに答えてください。なんで、こんなものに好奇心もつの？」

「好奇心というのは、効果を知りたかった、ということです」

「あなた、いま24歳（裁判当時）ですか、大人じゃないですか。教育も受けて、それなりに人気があるタレントをやっていたわけでしょう。そのわりに浮《うわ》ついた生活をしてると思うけど」

「浮ついているかどうか、理由はよくわからないです」

「もう二度としませんね。繰り返す人は刑務所にいってもらいますよ。多少厳しいことをいいましたが、この私の仕事は、あなたの犯罪をやめさせることですから」

被告人の父親は「学業と芸能活動の両立でストレスを溜めた」のが、大麻を使った理由だったのではないかと証言していました。本人も、最初はそう説明したのです。

しかし、その証言は実際と違っていたことが、弁護人と検察官、そして青柳裁判官、それぞれの質問から少しずつあぶり出されてきました。父親も傍聴席で動揺を隠せない様子でした。

言い逃れやあいまいな答えは許さず、自分の犯した行動に正面から向き合ってもらうことで、被告人が今後、犯罪から立ち直っていくよう促すのが、刑事裁判という場の役割なのです。それにしても、「私の仕事は、犯罪をやめさせること」だと断言できる裁判官は珍しく、頼もしくも思えます。

おわりに――

■拘置所の中から届いた手紙

もう、8年近く前のことです。ある出版社の編集部を経由して、私あてに1通の手紙が届きました。封筒の裏を見ると、差出人の住所が岐阜県内の拘置所となっているのに気づき、不意にドキッとさせられました。

その差出人の方は、職場で理不尽な目に遭いつづけ、心の病にかかり、その末に罪を犯したといいます。逮捕され、その拘置所で勾留《こうりゅう》生活をつづけていたところ、ある日、担当の国選弁護人から、1冊の本が差し入れられたというのですが、それがなんと、私のデビュー著書『裁判官の爆笑お言葉集』（幻冬舎新書）だったというのです。

しかも、手紙には「この本で発言がとりあげられている室橋雅仁裁判官が、これからぼくの裁判を担当します」とも書かれていて、ふたたび驚きました。

室橋裁判官の裁判は、この本でも114～125ページで紹介させていただきました。個人的に大好きな「裁かれたい裁判官」のひとりです。

その室橋さんにこれから実際、裁かれるようとする被告人に「傍聴しにきてください」と手紙で誘われたものですから、もちろんスケジュールを割《さ》いて、岐阜の裁判所まで足を運び、初公判から裁判を見届けました。

判決公判で、彼の刑務所いきを言い渡した室橋裁判長は、このように言葉をかけたのです。「あなたは根っからの悪人ではない、と私は思っています。将来、家庭をもったとき、子どもから『この父ちゃんで良かったな』といわれる人になってください」――。

その室橋裁判官の言葉に、どこまで感銘《かんめい》を受けたかはわかりませんが、彼はまじめに服役し、懲役刑の満期を大幅に繰り上げて、早めの仮出所が認められました。いまでは、彼がたまに東京を訪れるときに、いっしょに焼鳥屋やバーで飲んだり、図書館や書店を案内したりする仲となっています。

私はこれを、室橋裁判官がつないでくれた貴重な縁だと捉えています。少なくとも彼は、法で定められた刑罰をまっとうし、すでに罪を償《つぐな》っているわけですからね。

■犯罪歴を許さない社会は、むしろ危険性が高まる

たとえ、罪を犯してしまった過去のある相手だろうと、すでに反省をし、きちんと罪を償っていれば、気が合いそうならつき合うし、合わなければ関係は自然とフェイドアウトする。それだけの話だと思います。前科がなくても「二度と顔を見たくないほど大嫌い」

なヤツが、私には何人もいます。

しかし、現実には、きちんと罪を償って刑務所から出てきても、前科という事情がひとつあるだけで、この社会は刑務所より厳しい牙《きば》を剝《む》くことがあります。もちろん、就職ではきわめて不利になります。そのままホームレスか、ネットカフェ難民になる人もいます。前科を隠して就職できたとしても、嘘をつきつづける罪悪感が心をむしばみますし、嘘がバレたら遠まわしに排除されかねません。

前科ある人をあえて積極的に雇い入れる、「協力雇用主《こようぬし》」という篤志家《とくしか》の経営者もいます。その数は近頃急増していて、2018年現在、登録が全国で2万人を超えているのは救いですが、その業種は建設業にやや偏《かたよ》っていますし、実際に前科や前歴がある人を従業員として雇っている協力雇用主は、全体の数%にとどまります。前科のある人の働き口として、受け入れ態勢がまだ万全とまではいえません。

罪を犯した人は、専門家だけでなく、社会全体で分担しながら受け入れていくことが、私たちの平穏な暮らしを保護することにもつながります。

前科のある人が仕事につけず、家族にも見放され、社会の支えを失えば、どんなにズルい手段を使っても生きのびようとするのは無理もなく、その延長線上に再犯があるのが現実です。その再犯の被害者があなただとしても、不思議なことではありません。

とはいえ、同じ前科でも殺人とか性犯罪だと、その相手と目の前で向き合ったとき、私も全身がこわばって警戒してしまうと思います。その理由は論理的に答えにくいのですが、他の犯罪とはなんとなく「質」が違うような気がするのです。

彼らが仮に社会復帰していくとして、世間はどのように迎え入れるべきか、私たちはこれ以上、無関心でいてはならないと考えます。世の中を恨む感情こそが、彼らの中で自分の犯行を正当化する気持ちにつながるからです。

裁判傍聴のすすめ

本書をお読みの方が、この「おわりに」まで目をとおしてくださっているのも、大切なご縁です。この機会に、一度でも結構ですので、最寄りの裁判所に足を運んでいただきたいのです。

法廷は基本的に、平日の午前10時から午後5時まで開いています。会社にお勤めの人には難しいかもしれませんが、傍聴《ぼうちょう》をするのに予約は要《い》りません。申込みの手続きも不要で、入場無料です。静かにしていれば、裁判の途中で法廷に入って、途中で出ることも自由です。裁判所は、意外とオープンな場なのです。

服装も基本的に自由ですが、法廷で帽子やコート類は脱いだほうが無難です。スマホの電源を切り（あるいは機内モードにする）、飲食をせずに座っていれば、なにも問題はありません。

法廷の傍聴席と審理《しんり》の場とは、低い柵《さく》で区切られています。しかし、柵の向こう側はけっして異世界ではありません。私たちが暮らしている同じ空間と時間のなかで、実際に起きた出来事が、犯罪として裁かれているのです。

■そこにはスマホが見せてくれない真実がある

とくにインターネット上で、私たちは「見たい現実」ばかりを見ています。TwitterやFacebook、YouTubeも、自分が見たいものだけを集中的に見ていられるＳＮＳとして進化しました。

しかし、楽しくて便利な情報を自動的に受け取りつづけるＳＮＳに慣れるうち、社会人としての視野が狭《せば》まっていく危機も、私は感じています。そこで裁判という「見たくない現実も強制的に見せられる」場で、世の中に向き合う視野をクリアに調整したくなる日もあります。

皆さんが、やじうま的に傍聴するのか、自分ごととして傍聴するのか、どちらでも自由です。ただ、法廷という場をリスペクトし、「人生は何が起きるかわからない」ことを前提としながら、被告人の境遇を自分ごととして受け止められる傍聴人のほうが、法廷を出るときまでに得られるものが多いように思います。

その被告人に対して、裁判官や検察官、弁護人がどのような質問を投げかけ、どのような心に残る言葉を伝えられるか、それを見届けられることが、裁判傍聴の醍醐《だいご》味《み》に違いありません。

裁判のゆくえに関心をもち、自分以外のいろいろな人生や価値観があることを察する方々が増えれば増えるほど、寛容で前向きな雰囲気がひろがってゆき、私たちの社会は次のステージへ進んでいけるものと信じています。

人が人を裁くのは難しいのですが、人が人を許すのも難しいことです。

ただ、日本ではもともと、ドジな人や酔っ払い、知識のたりない人、食欲や色欲、睡眠欲が強い人を「しょうがないな」と大目に見ていた、あるいは大目に見る雰囲気を庶民が望んできたように思います。その片鱗《へんりん》は、古典落語の演目などにも残っています。

もちろん、法を破って罪を犯すことは、社会人としてもってのほかです。被害者以外で、それを厳しく非難したい人は、正義感のおもむくままに非難するのもいいでしょう。ただし、容疑者を叩く責任として、その犯罪を裁き、処罰を決める裁判のゆくえまで、どうか見届けていただきたいのです。

法廷で、深い反省と謝罪の言葉が聞かれるかもしれません。事件の背景には貧困・いじめ・差別・暴力など、私たちの社会がなかなか解決できないでいる、深刻かつ理不尽な課題がこびりついているかもしれません。

それがたとえ、あなたの見たくない現実であっても、最後までどうか見届けてください。裁判にかぎらず、見たくない現実を私たちが避けつづけ、都合のいい思いこみへ逃げこんでいる間は、この日本社会に明るい未来などありません。そもそも、世間が叩いたその容疑者は、なにかの間違いにより無実の罪で捕まっているかもしれませんしね。

もしよろしければ、あなたとまた次の著作でも、お会いしたいと思います。最後までお読みいただきまして、ありがとうございます。

長嶺超輝

この書籍に収録させていただいた「名裁判」の情報は、著者自身の裁判傍聴記録のほか、読売新聞・朝日新聞・毎日新聞・日本経済新聞・共同通信・時事通信・北海道新聞・東京新聞・北國新聞・中日新聞・西日本新聞・佐賀新聞による各取材記事を参照させていただいております。

また、各事件の事実関係において、裁判の証拠などで断片的にしか判明していない部分につき、説明を円滑に進める便宜《べんぎ》上、その間隙《かんげき》の一部を脚色によって埋めて均《なら》している箇所もあります。ご了承ください。裁判記録を基にしたノンフィクション短編集として、幅ひろい層の皆さまに親しんでいただけますことを希望いたします。

＊本書は、単行本『裁判長の沁みる説諭』（河出書房新社、２０２０年2月刊）を改題のうえ新書化したものです。

裁判長の泣けちゃうお説教

2023年７月30日　初版発行
2023年９月30日　２刷発行

著者◉長嶺超輝

企画・編集◉株式会社夢の設計社
東京都新宿区早稲田鶴巻町543　〒162-0041
電話（03）3267-7851（編集）

発行者◉小野寺優

発行所◉株式会社河出書房新社
東京都渋谷区千駄ヶ谷2-32-2　〒151-0051
電話（03）3404-1201（営業）
https://www.kawade.co.jp/

DTP◉イールプランニング

印刷・製本◉中央精版印刷株式会社

Printed in Japan ISBN978-4-309-50446-9